D1702996

Miteinander leben

Miteinander leben

Die Geschichte der Lebenshilfe Traunstein
1969 – 2019

Entstehung und Gründung
Der Beginn – Einrichtungen und Entwicklung
Neue Wege zu einem selbstständigen Leben
Neue Herausforderungen auf dem Weg zum Miteinander
Blick auf Gegenwart und Zukunft
Rückblick und Ausblick – Stimmen dreier Weggefährten
Die Gremien der Lebenshilfe Traunstein
Ehrungen der Lebenshilfe Traunstein

Vorwort

Peter Bantlin
Ehrenvorsitzender der Lebenshilfe Traunstein e.V.

Gelebte Tradition und das Wissen um die Geschichte, die schwierigen ersten Gehversuche und der sich daraus entwickelnde, rasante Aufbau unserer Elternvereinigung Lebenshilfe Traunstein e.V. sind Grundvoraussetzungen für den Erhalt der Idee, Menschen mit geistiger Behinderung neue, bisher nicht für möglich gehaltene Lebensperspektiven zu ermöglichen, im Miteinander von Eltern, ehrenamtlichen und hauptamtlichen Mitarbeiterinnen und Mitarbeitern.

Triebfeder jeder zukünftigen Entwicklung ist das Engagement der betroffenen Eltern, das besondere Mitwirken der Menschen mit geistiger Behinderung selbst und das Einbringen des unersetzlichen Fachwissens der Mitarbeiterinnen und Mitarbeiter im Hauptamt.

Das gemeinsame Bestreben der Elternvereinigung war und ist es, Menschen mit geistiger Behinderung, schwerstmehrfacher Behinderung, psychischer Behinderung sowie Schädelhirnverletzung und ihren Eltern, bestmögliche Hilfen zur Bewältigung ihres Alltags bereitzustellen, ihnen Integration und Inklusion in die Gesellschaft zu erleichtern und ihnen ein sinnerfülltes und würdiges Leben in allen Lebensbereichen zu ermöglichen. Dabei kam es uns besonders darauf an, dem Wollen des einzelnen Menschen mit Behinderung Raum zu geben und seine individuellen Wünsche ernst zu nehmen.

Es ist das Anliegen dieser Chronik, unsere Wurzeln zu bewahren, sie in Erinnerung zu behalten und dankbar auf die Menschen zu blicken, deren Mut und Einsatzwille Voraussetzung für das bis heute Geschaffene waren. Vieles wird in einigen Jahren nicht mehr nachvollziehbar sein, die Gründergeneration und Zeitzeugen werden weniger.

Die Lebenshilfe Traunstein e.V. begleitet von der Frühförderung für Kinder über die Förderung von Menschen mit schweren Mehrfachbehinderungen, über die Einrichtung unterschiedlich geschaffener Wohnformen und flexibel gestalteter Arbeitsplätze sowie Familienentlastender Dienste bis hin zur Freizeitgestaltung und Seniorenbetreuung zum Erhalt der körperlichen und geistigen Fähigkeiten, die uns anvertrauten Menschen.

Diese ungemein fordernde Aufgabe wird in erster Linie von unseren hochmotivierten Mitarbeiterinnen und Mitarbeitern der Lebenshilfe Traunstein e.V., „der Mutter des Ganzen" in den beiden zu diesem Zweck gegründeten „Töchtern", der Chiemgau-Lebenshilfe-Werkstätten gGmbH sowie der Lebenshilfe Traunstein gGmbH, geleistet.

An dieser Stelle dankt die Lebenshilfe Traunstein e.V. Ingrid Szeklinski und Herbert Hannß, den Initiatoren, für die Gründung, wie auch dem Ersten Vorsitzenden Dr. Lorenz Amann, der den Mut hatte, diese Herausforderung als Gründungsvorsitzender in einer Zeit, in der es nur sehr wenige Hilfen für die Eltern gab, anzunehmen.
Des Weiteren allen ehrenamtlichen und hauptamtlichen Mitarbeiterinnen und Mitarbeitern. Ihre gemeinsame Arbeit schreibt die Erfolgsgeschichte der Lebenshilfe Traunstein e.V.

Ohne die Hilfe der öffentlichen Hand, des Landkreises, der Städte und Gemeinden, der Regierung von Oberbayern, des Bayerischen Staatsministeriums für Arbeit und Soziales, Familie und Integration, des Bezirks Oberbayern, der Spender und der vielen Freunde, die uns bis heute unterstützen, wäre diese Erfolgsgeschichte nicht möglich gewesen. All den Menschen, die stets ein offenes Ohr für unsere Anliegen haben, gilt der Dank der Lebenshilfe Traunstein e.V.

Für die von der Lebenshilfe Traunstein e.V. begleiteten Menschen ist das bisher Geschaffene und Erreichte nicht das Ende unserer Bemühungen und wird entsprechend den Bedürfnissen und dem Ziel möglichst selbstbestimmten Lebens weiterentwickelt.

Der von der Lebenshilfe Traunstein e.V. begleitete Mensch muss die Chance zur Entwicklung einer eigenen Persönlichkeit haben, er will ernstgenommen werden, seine Meinung wird gehört und seine Leistung wird wertgeschätzt. Dies ist Leitschnur und Maßstab aller unserer Anstrengungen.

Eltern, Mitarbeiterinnen und Mitarbeiter erreichen durch vertrauensvolle Zusammenarbeit, die stete Sorge um das Familienmitglied mit Behinderung abzubauen. Dafür war und ist das bestmöglich geschaffene Umfeld Garant.

Die große Herausforderung für die Zukunft wird die Seniorenförderung und -betreuung sein. Wir setzen uns dafür ein, den Menschen im Alter die Selbstständigkeit in allen Bereichen des täglichen Lebens und ihre individuellen Fähigkeiten zu erhalten.

Also blicken wir mit Mut und Zuversicht in die Zukunft und geben ihr ein Gesicht, das den langjährigen Anstrengungen der Lebenshilfe Traunstein e.V. entspricht und ihre Erfolgsgeschichte fortschreibt.

Für die gemeinsame Arbeit an dieser umfangreichen und mit viel Herz erstellten Chronik, die bei Bedarf fortgeschrieben werden sollte, dürfen wir Heide-Marie Hönow, Petra Herbst und Alexander Callegari unseren herzlichen Dank sagen.

Ich danke, dass ich an dieser Chronik mitwirken konnte. Es war eine Herzensangelegenheit und Freude.

Peter Bantlin
Ehrenvorsitzender der Lebenshilfe Traunstein e.V.

Grußwort

Wolfgang Maier
Erster Vorsitzender der Lebenshilfe Traunstein e.V.

Die Lebenshilfe Traunstein bietet Menschen mit unterschiedlichsten Einschränkungen und ihren Angehörigen heute ein breites, bedarfsgerechtes Angebot zur Begleitung, Förderung und Unterstützung in nahezu allen Lebensbereichen.

Diesen Erfolg verdanken wir einer mittlerweile 50-jährigen Geschichte und den vielen, vielen Menschen, die sie mitgestaltet und mit begleitet haben.

Es waren Eltern und Angehörige, die vor 50 Jahren in Selbsthilfe die Initiative ergriffen haben, als die Gesellschaft noch wenig Solidarität und Verständnis für geistige Behinderungen zeigte. Die Gründergeneration und ihre Nachfolger haben das Fundament gelegt und dann mit langem Atem Verbesserungen der Lebensbedingungen von Menschen mit Behinderung und deren Angehörigen erkämpft, Jahr um Jahr, Schritt für Schritt. Sie haben miteinander das geschaffen, was die heutige Lebenshilfe Traunstein ausmacht: Eine Vereinigung, die wirksame Lebens-Hilfe für Menschen mit Einschränkungen erbringt. Sie leistet so einen wichtigen Beitrag zu einem gleichberechtigten Miteinander in unserem Landkreis und darüber hinaus.

Diese großartige Entwicklung konnte nur gelingen in einem beispielhaften Miteinander vieler Menschen, die sich für die Idee der Lebenshilfe mit Rat und Tat in all den Jahren persönlich eingesetzt haben und weiterhin einsetzen:

- Eltern und Angehörige, die mutig anpacken und hartnäckig dranbleiben
- unsere hauptamtlichen Mitarbeiterinnen und Mitarbeiter, die sich tagtäglich um die ihnen anvertrauten Menschen mit Sachverstand und großer Hinwendung kümmern und so letztlich entscheidend für deren Wohlergehen sind
- der Lebenshilfe verbundene Menschen und private Einrichtungen, die mit Spenden und ehrenamtlichem Engagement unsere Projekte und die tägliche Arbeit unterstützen, ja sie so zum Teil erst möglich machen
- ideelle und politische Unterstützer und staatliche Stellen, die das Hineintragen unseres Anliegens in die Gesellschaft fördern
- und ganz besonders die Menschen mit Behinderung, die uns täglich zeigen, wie bereichernd sie für eine diverse Gesellschaft sind

„Nur wer die Vergangenheit kennt, hat eine Zukunft" hat Wilhelm von Humboldt einst gesagt.

In diesem Sinne soll diese Geschichte der Lebenshilfe Traunstein zum einen die Leistungen der vergangenen 50 Jahre wertschätzen und unvergessen machen. Gleichzeitig soll sie auch Verpflichtung für die gegenwärtigen und künftigen Generationen sein, nicht nachzulassen in dem Bemühen, für gute Lebensbedingungen von Menschen zu sorgen, die mehr Unterstützung brauchen als andere. Dies gilt es im Miteinander zu erreichen, jeder an seiner Stelle.

So möchte ich allen danken, die daran mitgewirkt haben, dass diese Chronik entstehen konnte. Besonderer Dank gilt hierbei Alexander Callegari für die redaktionelle Arbeit und die grafische Gestaltung, Heide-Marie Hönow für die inhaltliche Gestaltung vieler Beiträge, Pia Mix für die „Erinnerungen", Helmut Günter Lehmann für das schöne Titelbild und nicht zuletzt unserem Ehrenvorsitzenden Peter Bantlin und Josef Schärtl, den Mentoren dieser Chronik.

Wolfgang Maier
Erster Vorsitzender der Lebenshilfe Traunstein e.V.

Wolfgang Maier mit seiner Familie

Grußwort

Frau Landtagspräsidentin a.D. Barbara Stamm
Vorsitzende des Lebenshilfe-Landesverbandes Bayern

Kann sich die heutige Generation vorstellen, was eine Familie mit einem Kind mit Behinderung in den 1960er Jahren erlebt hat? Was das damals für eine Zeit war, in der Menschen mit geistigen Behinderungen keine Schule besuchen durften, es keine Betreuung außerhalb der Familie gab und keine Arbeitsstätten?

Die Gründungsmütter und Gründungsväter der Lebenshilfe Traunstein haben uns viel zu erzählen von dieser schweren Zeit, in der die Familien auf sich allein gestellt waren. Dieser schweren Zeit wollten sie unbedingt ein Ende setzen. Ihre Geschichten von den Anfängen der Lebenshilfe, die wollen wir immer wieder hören und lesen, die wollen wir festhalten und die werden wir nie vergessen.

Diese Chronik erinnert uns. Sie ist ein gelungenes, wertvolles Werk und dazu gratuliere ich der Lebenshilfe Traunstein herzlich. Ich danke allen, die daran mitgewirkt haben, und besonders dem Geber dieser Idee, dem langjährigen Vorsitzenden der Lebenshilfe Traunstein und nun Ehrenvorsitzenden, Herrn Peter Bantlin.

Diese Chronik ist eine wunderbare Geste. Sie ist eine Würdigung der großartigen Verdienste der Gründergeneration um die Behindertenhilfe in Stadt und Kreis Traunstein.

Großen Respekt habe ich vor den Eltern und ihren Mitstreitern, die mutig in der Öffentlichkeit Unterstützung für eine bessere Zukunft ihrer Kinder gefordert und die selbst mit so viel Kreativität und Improvisationsgeist an den ersten Fördereinrichtungen mitgearbeitet hatten. Es ist erstaunlich – und die Lebenshilfe Bayern ist darauf sehr stolz –, wie sich aus diesen revolutionären Anfängen eine umfassende Hilfe für Menschen mit Behinderungen und ihre Familien entwickelt hat.

Die Gründereltern der Lebenshilfe haben etwas gesehen, was die Gesellschaft damals nicht gesehen hat. Sie haben in den Kindern mit geistigen Behinderungen Persönlichkeiten gesehen, mit Fähigkeiten, mit Potential, sich weiter zu entwickeln. Für die Eltern war es selbstverständlich, dass ihre Kinder und alle Menschen mit Behinderungen jedes Recht auf Förderung, auf Bildung, auf Beschäftigung, auf soziale Teilhabe haben. Für diese Rechte machten sie sich stark.

Das hat die Eltern bewegt, dafür haben sie sich eingesetzt: Ihre Kinder gehörten endlich heraus aus der Isolation, hinein in die Gesellschaft. Sie haben der Gesellschaft die Augen geöffnet.

Wenn wir es heute mit der Idee der Inklusion zu tun haben, dann ist das eine Bestätigung und ein Erstarken dessen, was die Gründer der Lebenshilfe bewegt hat: die bedingungslose Zugehörigkeit der Menschen mit Behinderungen in der Gesellschaft. Die bedingungslose Zugehörigkeit, der gleiche Wert und die gleiche Würde aller Menschen sind es, die die Lebenshilfe in ihrer Arbeit und in ihrem Engagement seit jeher leitet.

Inklusion schaut nicht nur: Du bist ein Mensch mit Behinderung. Inklusion erkennt: Du bist ein Mensch wie du und ich.

Es geht um den Respekt und die Achtung des anderen in seinen Möglichkeiten und in seinen Grenzen. Es geht um eine Hilfe, damit jeder Mensch Persönliches aus seinem Leben machen kann. Der Mensch steht im Mittelpunkt. Unabhängig davon, wie viel er an Begleitung und Hilfe benötigt, soll er zeitlebens das Gefühl haben, in der Gesellschaft willkommen zu sein.

Mit dieser Chronik blicken wir zurück und wir blicken nach vorn. Ich wünsche mir eine Gesellschaft, die den Menschen mit Behinderungen mehr aufgeschlossen und mit Neugier begegnet. Menschen mit Behinderungen haben uns etwas mitzuteilen. Kommunikation und Begegnungen sind entscheidend. Die Lebenshilfe-Familie in Bayern wird weiter aktiv sein, die Menschen miteinander in Beziehung zu bringen.

Diese Chronik erzählt davon, was die Gründungsmütter und Gründungsväter ihrer Lebenshilfe in die Wiege gelegt haben: Mut, Innovationsgeist, menschliche Solidarität und die Bereitschaft, soziale Verantwortung zu tragen. Davon lebt die Lebenshilfe noch heute dank der vielen engagierten Menschen im Ehren- wie im Hauptamt. Deshalb hat diese Chronik zwar eine letzte Seite, aber sie hat kein Ende.

Alles Gute für die Zukunft wünscht Ihnen

Barbara Stamm
Landtagspräsidentin a.D.
Vorsitzende des Lebenshilfe-Landesverbandes Bayern

Foto © Barbara Stamm

Zukunft selbst gestalten

Die Geschichte der Lebenshilfe Traunstein 1969 – 2019

Entstehung und Gründung	15
Der Beginn – Einrichtungen und Entwicklung	26
Neue Wege zu einem selbstständigen Leben	64
Neue Herausforderungen auf dem Weg zum Miteinander	106
Blick auf Gegenwart und Zukunft	160
Rückblick und Ausblick – Stimmen dreier Weggefährten	184
Die Gremien der Lebenshilfe Traunstein	193
Ehrungen der Lebenshilfe Traunstein	198
Impressum	200

Logo der Lebenshilfe aus den Gründungsjahren

Entstehung und Gründung

Bevor es begann	16
Hinwendung zum Nächsten	18
Die Initiative der Familie Hannß	20
1969 Gründung	22
Rückblick auf die Gründungsphase	24
Helmut Günter Lehmann	25

Bevor es begann

Die treibende Kraft, die schließlich zur Gründung der Lebenshilfe Traunstein führte, geht zurück auf die Initiative von Herbert und Ingrid Hannß aus Traunreut. Ihre Initiative erwuchs aus folgendem Umfeld:

„Was wird aus meinem Kind?"

„Millionen von Eltern in der ganzen Welt ist die schwere Sorge um ein geistig behindertes Kind auferlegt. Nachdem der erste Schock überwunden ist, den die Erkenntnis auslöst, ein solches Kind zu haben, machen sich viele auf die Suche nach einer Hilfe für ihr Sorgenkind, oft unter Einsatz größter persönlicher, familiärer und finanzieller Opfer. Für die meisten Eltern beginnt ein unabsehbarer Leidensweg, der mit vielen Enttäuschungen gepflastert ist und an dessen Ende oft die Verzweiflung wartet.
Eine wirksame Lebenshilfe für geistig Behinderte erfordert eine Reihe von Maßnahmen, die wie die Glieder einer Kette ineinandergreifen und ihnen für ihren jeweiligen Lebensabschnitt die notwendige Hilfe bieten."

Dieser Anfang eines Artikels aus dem *Traunreuter Anzeiger* kennzeichnet treffend, einschließlich der damals allgemein üblichen Bezeichnung **„geistig behindert"**, die Situation vieler Familien, auch hier im Chiemgau. Außerdem ist hier schon deutlich vorgezeichnet, welche Entwicklung die Lebenshilfe nehmen musste, wenn sie Menschen mit geistiger Behinderung vom Kindesalter an durch ihr Leben begleiten und ihnen Hilfe bieten wollte. Weiter stand dort zu lesen:
„Die ‚Lebenshilfe' will in allererster Linie Kontakt zu den Eltern aufnehmen, um sie aus ihrer Vereinsamung herauszuholen und ihnen den Makel der ‚Schande', der sich hartnäckig aus dem Mittelalter herübergerettet hat, nehmen.
… Wenn man geistig behinderte Kinder sieht und merkt, wie sie sich freuen können, wie sie auf eine kindliche Weise an ihrer Umwelt teilnehmen, wenn ihre schwachen Kräfte entsprechend gefördert werden, kann man die Liebe der Eltern, aber auch die entsetzliche Angst verstehen, die sie befällt, wenn sie an die Zukunft denken: ‚Was wird aus meinem Kind?' – diese Frage ist für die Mutter eines geistig behinderten Kindes eine weit schwerere, existenzielle Frage als für Gesunde. Die ‚Lebenshilfe' will hier mit Rat und Tat einspringen."

„Was wird aus meinem Kind?"
Für geistig behinderte Kinder wird Kreisverband der „Lebenshilfe" gegründet

Millionen von Eltern in der ganzen Welt ist die schwere Sorge um ein geistig behindertes Kind auferlegt. Nachdem der erste Schock überwunden ist, den die Erkenntnis auslöst, ein solches Kind zu haben, machen sich viele auf die Suche nach einer Hilfe für ihr Sorgenkind, oft unter Einsatz größter persönlicher, familiärer und finanzieller Opfer. Für die meisten Eltern beginnt ein unabsehbarer Leidensweg, der mit vielen Enttäuschungen gepflastert ist und an dessen Ende oft die Verzweiflung wartet.

Eine wirksame Lebenshilfe für geistig Behinderte erfordert eine Reihe von Maßnahmen, die wie die Glieder einer Kette ineinander greifen und ihnen für ihren jeweiligen Lebensabschnitt die notwendige Hilfe bieten. Fehlt eines dieser Glieder, so wird das Ziel eines sinnvollen Lebens unerreichbar. Die praktische Folge davon ist vielfach die großen Anpassungsschwierigkeiten lebenslängliche und für die Gesellschaft äußerst kostspielige Unterbringung in Heimen. Im Schatten einer vergangenen politischen Strömung, die die Interessen geistig behinderter Menschen mißachtete und den barbarischen Terminus vom „lebensunwerten Leben" prägte, wurden bis jetzt bei uns nur wenige Glieder einer solchen Kette von Maßnahmen und Einrichtungen geschaffen.

Eine davon existiert aber und bewährt sich seit Jahren in zunehmendem Maße: Die „Lebenshilfe für das geistig behinderte Kind", eine Vereinigung von Eltern und Freunden geistig Behinderter, gegründet von dem holländischen Heilpädagogen Tom Mutters. Die Gesellschaft wird durch einen wissenschaftlichen Beirat von bedeutenden Medizinern einschlägiger Fakultäten unterstützt und durch einen Sozialbeirat in dem caritative Verbände, Sozialeinrichtungen und Mitglieder des Deutschen Städtetages sitzen, in ihren finanziellen und organisatorischen Fragen gefördert.

Die „Lebenshilfe" hat ihren Hauptsitz in Marburg und ist bis jetzt vor allem in Norddeutschland aktiv tätig. In allen Bundesländern ist die Organisation aber durch Kreisverbände in steigendem Maße vertreten.

Durch die Initiative zweier Traunreuter Bürger, Oberlehrer Herbert Hannß und seine Frau Ingrid, wird jetzt auch ein Kreisverband Traunstein gegründet. Vorbesprechungen mit dem Landratsamt, den Schulämtern und Sozialämtern, der Inneren Mission und den Sonderschulen, um nur einige der interessiert Beteiligten zu nennen, haben bereits stattgefunden. Am Donnerstag, 27. November, findet um 19.30 Uhr im Sailerkeller in Traunstein die Gründungsversammlung statt. Die beiden Initiatoren haben selbst geistig behinderte Kinder und wollen aus ihren persönlichen Erfahrungen heraus, anderen Eltern helfen.

Herbert Hannß und seine Frau betonen, daß es sich hier nicht etwa um ein Konkurrenzunternehmen zu den bestehenden Sonderschulen handelt, sondern Kinder vor der Einweisung in Anstalten bewahrt werden sollen, wo es nicht nötig ist. Die Anstalten sind hoffnungslos überfüllt; nur jedes dritte betroffene Kind kommt darin unter, und sie sind verständlicherweise meistens zu reinen

Ein kleiner Bub und seine Schwester. Kinder wie andere auch, so scheint es. In Wirklichkeit leben sie als geistig Behinderte in einer anderen Welt, aus der sie nur einfühlsame Heilpädagogik herausholen kann. Die „Lebenshilfe" will dafür arbeiten.

Pflegeplätzen geworden. Die besonders intensive Betreuung und heilpädagogische Unterweisung, die ein solches Kind braucht, kann dort kaum mehr geleistet werden. Dabei weiß man heute, daß Intelligenz, auch eine schwache und kranke, gebildet werden kann.

Die „Lebenshilfe" will in allererster Linie Kontakt zu den Eltern aufnehmen, um sie aus ihrer Vereinsamung herauszuholen und ihnen den Makel der „Schande", der sich hartnäckig aus dem Mittelalter herübergerettet hat, nehmen. Mit Sicherheit steht heute fest, daß die meisten geistig kranken Kinder ihren Schaden nicht vererbt bekamen. Die Hauptfaktoren für derartige Schäden sind Sauerstoffmangel im Gehirn bei der Geburt, Infektionen im Mutterleib, Blutgruppenunverträglichkeit und noch unerforschte Stoffwechselkrankheiten. Auch Eiweißvergiftungen spielen eine große Rolle, sowie eine Virusübertragung von Haustieren. Auch darüber will die „Lebenshilfe" Auskunft und Aufklärung bringen.

Die „Lebenshilfe" hat ein Dreistufenprogramm: Vorschulische Erziehung im Sonderkindergarten, Tagesheimstätten für Kinder, die für die Sonderschulen nicht geeignet sind, und weiter beschützende Werkstätten für die Heranwachsenden und Erwachsenen.

Im Kreisverband Traunstein wird man zuerst den Kindergarten verwirklichen und sich dann an die anderen Projekte herantasten. Nach den Erfahrungswerten — der Einzugsbereich ist etwa der nördliche Landkreis — kann man mit rund 150 Kindern rechnen. Pro Jahr kommen etwa zwölf hinzu. In Miesbach und Rosenheim bestehen bereits Einrichtungen der Lebenshilfe, in Prien plant man auch.

Wenn man geistig behinderte Kinder sieht und merkt, wie sie sich freuen können, wie sie auf eine kindliche Weise an ihrer Umwelt teilnehmen, wenn ihre schwachen Kräfte entsprechend gefördert werden, kann man die Liebe der Eltern, aber auch die entsetzliche Angst verstehen, die sie befällt, wenn sie an die Zukunft denken. „Was wird aus meinem Kind" — diese Frage hat für die Mutter eines geistig behinderten Kindes eine weit schwerer, existentielle Frage, als für Gesunde. Die „Lebenshilfe" will hier mit Rat und Tat einspringen. PS.

Der Artikel „Was wird aus meinem Kind?" erschien am 25. November 1969 im *Traunreuter Anzeiger*, also genau zwei Tage, bevor die Lebenshilfe Kreisvereinigung Traunstein e.V. im Sailer Keller in Traunstein gegründet wurde.

Hinwendung zum Nächsten

Tom Mutters

Als UNO-Beauftragter für „displaced persons" – so damals die offizielle Bezeichnung für Zwangsarbeiter, KZ-Häftlinge und Menschen, die von den Nazis verschleppt worden waren – lernte **Tom Mutters** (1917–2016) in der Nachkriegszeit das Elend in Lagern zum Beispiel auch in der hessischen Anstalt Goddelau kennen. Er sagte einmal: „In ihrer Hilflosigkeit und Verlassenheit haben diese Kinder mir ermöglicht, den wirklichen Sinn des Lebens zu erkennen, und zwar in der Hinwendung zum Nächsten."

1958 Gründung der Bundesvereinigung der Lebenshilfe
Zusammen mit Eltern und Fachleuten gründete der gebürtige Niederländer 1958 in Marburg die Bundesvereinigung Lebenshilfe, deren Geschäftsführer er 30 Jahre lang war.
Die Lebenshilfe hat sich in der Folgezeit zur deutschlandweit größten Selbsthilfeorganisation für Menschen mit geistiger Behinderung und ihre Angehörigen entwickelt, mit rund 130.000 Mitgliedern, 509 örtlichen Vereinigungen und 16 Landesverbänden.

Aktion Sorgenkind – Aktion Mensch
Zudem hatte Mutters 1965 maßgeblichen Anteil an der Gründung der ZDF-Fernsehlotterie Aktion Sorgenkind, die heute Aktion Mensch heißt und vorrangig Projekte für Menschen mit Behinderung fördert.

UN-Behindertenrechtskonvention
Tom Mutters' Vision aus den 1950er-Jahren spiegelt sich heute in der UN-Behindertenrechtskonvention wider, die seit 2009 behinderten Menschen in Deutschland uneingeschränkte Teilhabe garantiert und eine inklusive Gesellschaft einfordert.

Quelle: Bundesvereinigung Lebenshilfe e.V.

Entstehung und Gründung

In ihrer Hilflosigkeit und Verlassenheit haben diese Kinder mir ermöglicht, den wirklichen Sinn des Lebens zu erkennen, und zwar in der Hinwendung zum Nächsten.

Tom Mutters

Der spätere Lebenshilfe-Gründer Tom Mutters in den 1950er-Jahren mit den Kindern von Goddelau

Die Initiative der Familie Hannß

Ingrid und Herbert Hannß lebten in den sechziger Jahren in Traunreut. Wie viele junge Paare wünschten sie sich Kinder, und so kamen 1964 ihre Tochter Heike und 1966 ihr Sohn Gerald zur Welt. Bei Heike wurde im Laufe der Kindheit eine Behinderung festgestellt, ebenso bei Gerald. 1967 bekam die Familie Hannß nochmals Zuwachs mit Sohn Andreas.

Von Tür zu Tür
Durch die Behinderung der Kinder Heike und Gerald nahm die Belastung für die Familie Hannß im Laufe der Zeit immer mehr zu. Jedes der drei Kinder brauchte natürlich Aufmerksamkeit und Zuwendung. Deshalb entschloss sich Ingrid Hannß, etwas zu unternehmen. So ging sie mit ihren drei Kindern in Traunreut von Tür zu Tür, um andere Familien zu finden, die in einer ähnlichen Situation waren.

Ingrid Hannß mit Gerald, Heike und Andreas (von links nach rechts)

Die Initiative einer starken Frau

Ingrid Szeklinski (1941–2018), vormals Ingrid Hannß, ergriff aus ihren Lebensumständen heraus die Initiative, die zur Gründung der Lebenshilfe Kreisvereinigung Traunstein e.V. führte.

Sie wurde 1941 in Wernigerode (Harz) geboren und zog Anfang der 1960er-Jahre mit ihrem damaligen Mann Herbert Hannß in den Chiemgau. Von 1972 bis 1992 leitete sie als Geschäftsführerin die Lebenshilfe Traunstein.

Die Lebenshilfe lag ihr zeitlebens am Herzen, und sie war maßgeblich am Aufbau vieler Einrichtungen in der Region beteiligt.

2000 Bundesverdienstkreuz

Für ihr außergewöhnliches Engagement und ihre überragende Hilfsbereitschaft wurde Ingrid Szeklinski im November 2000 mit dem Bundesverdienstkreuz ausgezeichnet.

Heike und Gerald

1969 Gründung

Am 27. November **1969** begann mit der Gründungsversammlung im Sailer Keller in Traunstein die Geschichte der Lebenshilfe in unserem Landkreis.

Gegebene Not – konkrete Selbst-Hilfe
Eine Gruppe von Eltern damals noch sogenannter „nicht schulfähiger" Kinder fand sich aus gegebener Not zusammen, um konkrete Selbst-Hilfe zu organisieren.
In Anwesenheit von Tom Mutters gründeten sie die Kreisvereinigung **„Lebenshilfe für das geistig behinderte Kind"**.
Der Niederländer Tom Mutters, Bundesgeschäftsführer der Lebenshilfe in Marburg, hatte diese elf Jahre zuvor ins Leben gerufen. Damals gehörten 47.000 Mitglieder zur Vereinigung, 30.000 Menschen konnten betreut werden.

Dr. Lorenz Amann – Kinderarzt und Erster Vorsitzender
Vor diesem Hintergrund hatte der vierzehnköpfige Gründungsausschuss die Initiative ergriffen, auch im Landkreis Traunstein die Lebensbedingungen für Kinder mit geistiger Behinderung und ihre Familien entscheidend zu verbessern. Zum Vorsitzenden der Kreisvereinigung „Lebenshilfe für das geistig behinderte Kind" wurde Dr. Lorenz Amann gewählt.

Wiedergabe des Programms und Protokolls der Gründungsversammlung

Programm

1. W. A. Mozart — Streichquintett c-Moll KV 406 »Andante«
2. Begrüßung der Gäste
3. Tom Mutters (Lebenshilfe Marburg) — Hauptreferat und Lichtbildervortrag
4. W. A. Mozart — Streichquintett c-Moll KV 406 »Allegro«
5. Satzungsbeschluß
6. Wahl des Vorstandes
7. Sonstiges

Musikalische Umrahmung: Krejcik-Quintett

Die Bundesvereinigung „Lebenshilfe für geistig Behinderte" e.V. mit der Hauptgeschäftsstelle in Marburg/Lahn bemüht sich seit Jahren mit stetig wachsendem Erfolg, den Sorgenkindern unserer Gesellschaft die Hilfe zuteil werden zu lassen, die sie so dringend benötigen.

Eltern und Freunde geistig Behinderter wollen sich nun zu einer Kreisvereinigung zusammenschließen.

Da wir Ihr Interesse am Zustandekommen wirksamer Maßnahmen voraussetzen, erlauben wir uns hiermit, Sie zur

Gründungsversammlung der Kreisvereinigung Traunstein

am Donnerstag, dem 27. November 1969 um 19.30 Uhr im Sailerkeller, Traunstein

herzlichst einzuladen.

Der Gründungsausschuß:

Kiene (Landrat)	Schels (Pfarrer)	Klein (Dekan)	Dr. Philipp (Reg.-Med.-Dir.)
Schmidt (Oberschulrat)	Riepl (Schulrat)	Risse (Sonderschulleiterin)	Fojuth (Sonderschulleiter)
Schwingenstein (Diplompsychologin)	Dr. Amann (Kinderarzt)	Sattler (Verwaltungs-Angestellter)	

Leitner Neuhofer Hannß
Vertreter der Elternschaft

P R O T O K O L L

über die

Gründungsversammlung
der "Lebenshilfe für geistig Behinderte e.V.
Kreisvereinigung Traunstein

Zeit: 27. November 9169, 19.3o Uhr bis ca. 23.oo Uhr
Ort: Sailerkeller Traunstein

Anwesend waren neben den Mitgliedern des Gründungsausschusses (vgl.Einladung)
ca. ..... Personen.

Tagesordnung: vgl. Programm

1. Nach einer musikalischen Einleitung
2. begrüßte Herr Herbert Hannß die Erschienenen und übergab das Wort und
   die Versammlungsleitung des Abends
   Herrn Tom Mutters, Geschäftsführer der Bundesvereinigung der "Lebenshilfe",
   Marburg/Lahn.
3. Dieser sprach über Sinn, Zweck und Entstehung der Vereinigung und veran-
   schaulichte die bisher geleistete Arbeit im In- und Ausland anschließend
   mit exemplarischen, eindrucksvollen Farbdias.
4. Nach einer weiteren musikalischen Darbietung durch das (kostenlos spielende)
   Krejcik-Quintett wurden während einer Pause Beitrittserklärungen zur Kreisvereinigung ausgefüllt.
5. Anschließend wurde durch Herrn Mutters die Satzung verlesen und von den
   anwesenden Mitgliedern einstimmig angenommen.
6. Entgegen dem ursprünglichen Vorschlag zum § 9, den Vorstand mit 5 Mitgliedern
   zu besetzen, wurde die Zahl durch die Versammlung auf 8 Mitglieder erweitert,
   um insbesondere auch einer Frau und einem weiteren Elternvertreter die Mit-
   wirkung zu ermöglichen. In den Vorstand wurden jeweils ohne Gegenstimme und
   mit einer Stimme Enthaltung gewählt:

   a) Dr. L. Amann,   Kinderfacharzt   als Vorsitzender
   b)   G. Fojuth   Sonderschullehrer
   c) H. Hannß   Oberlehrer   als Geschäftsführer
   d)   Kübrich   Diakon
   e) F. Maupai   Leiter d.Jugendamtes Traunstein
   f) G. Risse   Sonderschul-O'lehrerin

Rückblick auf die Gründungsphase

Peter Bantlin, langjähriger Vorsitzender und heutiger Ehrenvorsitzender der Lebenshilfe Kreisvereinigung Traunstein, erinnert sich:

„Mit der Gründung der Bundesvereinigung Lebenshilfe für Menschen mit geistiger Behinderung im Jahr 1958 durch den niederländischen Pädagogen Tom Mutters begann der Kampf der betroffenen Eltern zur Selbsthilfe. Sie waren so mutig, mit Gleichbetroffenen für ihre Anliegen einzutreten.

Nach der Geburt ihrer Kinder mit geistiger Behinderung brach für die Eltern eine Welt zusammen, und es stellte sich ihnen die Frage, wie helfe ich meinem Kind am wirkungsvollsten in einer Gesellschaft, die zu dieser Zeit keine Antwort wusste?

Die Gesellschaft hatte keine Antwort und konnte den jungen Familien nichts geben:
Keine Unterstützung, keine Hoffnung, keine Solidarität. Vielen Familien mit einem Kind mit geistiger Behinderung schlugen in der Öffentlichkeit Ablehnung, Unverständnis und große Berührungsängste entgegen. Dies war insbesondere auch eine Folge der menschenverachtenden ‚Aussonderung' in der Zeit des Nationalsozialismus und seiner Nachwirkungen.

1962 Gründung des Lebenshilfe Landesverbandes Bayern e.V.
Im Jahr 1962 wurde der Lebenshilfe Landesverband Bayern e.V. gegründet. Diese Gründung war der entscheidende Impuls für betroffene Eltern im Landkreis Traunstein, mit Überlegungen zu beginnen, eine Kreisvereinigung zu gründen, sich zu organisieren und stark zu machen für ihre Kinder mit geistiger Behinderung. Ziel war es, die von der Gesellschaft ausgehende Isolation zu durchbrechen und Teilhabe in allen Bereichen des gesellschaftlichen Lebens wie Bildung, Wohnen, Arbeit und Freizeit anzustreben.

69 betroffene Eltern und Förderer – 1969
Im Jahr 1969 fanden sich im Landkreis Traunstein 69 betroffene Eltern und Förderer zusammen und beschlossen, die Kreisvereinigung Lebenshilfe Traunstein e.V. zu gründen.
Der Gründergeneration ist es zu verdanken, in schwieriger Zeit ‚aus dem Nichts' eine Hilfsorganisation geschaffen zu haben, die bis heute ein Bild von Menschlichkeit in die Gesellschaft trägt, die eine Kultur der gegenseitigen Achtung und Unterstützung prägt."

Miteinander leben

Die Geschichte der Lebenshilfe Traunstein

Helmut Günter Lehmann malte das Bild für den Umschlag der vorliegenden Chronik.
Er ist 1948 in Rothenburg ob der Tauber geboren und dort aufgewachsen, war Absolvent der Städtischen Werkkunstschule Würzburg und wirkte als Kunsterzieher an Schulen vor allem in Südostbayern. Helmut Günter Lehmann lebt im Chiemgau.
Das Selbstporträt stammt aus: Martin Doehlemann und Helmut Günter Lehmann, *Heimat, süße Heimat, wo bist du?* Dettelbach, 2017.

Der Beginn – Einrichtungen und Entwicklung

Der Beginn – Einrichtungen und Entwicklung	27
1971–1983 Heilpädagogische Tagesstätte	29
1972 Erste Werkstätte in Eisenärzt	33
1973 Zweite Werkstätte in Oberweißenkirchen	35
Franz Schweinöster	36
1974–1977 Sondertagesstätte in Vachendorf	38
Die weitere Entwicklung der ersten Werkstätten	39
1979 Werkstätten-Neubau in Traunreut	45
„Unser Walter"	48
Ottomar „Ottmar" Lehrmann	49
1979/1980 Die zwei ersten Wohnheime	51
1983 Außenwohngruppe	54
1983 „Haus Pertenstein"	55
1983–1997 Auf dem Weg zur Förderstätte	57
1989 Wohn- und Pflegeheim in Grabenstätt	59
Klaus Sam	60
1984–1989 „Regenbogen"	62

Der Beginn – Einrichtungen und Entwicklung

Wenn ihre Anfänge – bei allem Mut, bei der bewunderungswürdigen Initiativkraft der Gründerpersönlichkeiten – zunächst bescheiden waren, entwickelte die Lebenshilfe Traunstein sehr bald eine ungeahnte Dynamik.

Vor einem gesellschaftlichen Hintergrund und zu einer Zeit, als Menschen mit geistiger Behinderung durchaus noch nicht selbstverständlich „dazugehörten", als es bei vielen Menschen noch große Berührungsängste gab und es für sie ein Problem war, Menschen mit Behinderung zu begegnen, war es überfällig, sich um deren Bedürfnisse und Interessen zu sorgen und ganz pragmatisch zu kümmern.

Genau das tat die Lebenshilfe Traunstein.

Die Verantwortlichen etablierten innerhalb von wenigen Jahren praktisch in allen Lebensfeldern Hilfen für die Erfordernisse, die sich aus dem Heranwachsen der Kinder mit geistiger Behinderung ergaben und auch aus der Tatsache, dass immer mehr Familien Unterstützung für ihre bereits erwachsenen Menschen mit geistiger Behinderung suchten.

Innerhalb von 15 Jahren entstanden – unter einfachsten Bedingungen und mit teilweise zunächst improvisierten Lösungen – mit Tagesstätte, Werkstätten, Wohnheimen, Betreutem Wohnen und Förderstätte – Einrichtungen, die Menschen mit geistiger Behinderung angemessene Möglichkeiten eröffneten, ihr Leben zu führen und zu gestalten. Die für viele andere angeführten Beispiele von Franz Schweinöster und Ottmar Lehrmann beweisen das eindrucksvoll.

1971–1983 Heilpädagogische Tagesstätte
Die Wiege der Lebenshilfe Traunstein im Schloss Pertenstein

Die Heilpädagogische Tagesstätte im Schloss Pertenstein war die erste Einrichtung der Lebenshilfe Traunstein und damit die Wiege für alle folgenden Einrichtungen, die heute das gesamte Spektrum der Hilfen für Menschen mit geistiger Behinderung abdecken können.
Der Ausbau des ehemaligen Verwalterhauses von Schloss Pertenstein und später von Teilen des Stallgebäudes für die Tagesstätte begann unmittelbar nach Gründung der Elternvereinigung 1969. Kindern mit Behinderungen sollte schnellstmöglich an den Wochentagen die notwendige Förderung angeboten werden können.
Für die betroffenen Eltern war mit Schloss Pertenstein eine erste sie entlastende Einrichtung geschaffen.
Peter Bantlin, der heutige Ehrenvorsitzende der Lebenshilfe Traunstein und Gründungsmitglied des Vereins, war Angehöriger des damaligen Gebirgsflugabwehrbataillons 8 in Traunstein. Dies stellte sich als glückliche Fügung heraus. Soldaten des Bataillons mit entsprechenden Handwerksberufen konnten in ihrer Freizeit für die Mithilfe beim geplanten Ausbau der Tagesstätte gewonnen werden.
Im Laufe des Jahres 1971 wurde die Heilpädagogische Tagesstätte im Schloss Pertenstein bei Matzing eröffnet. Anfangs wurden 16 Kinder von vier Mitarbeiterinnen in zwei Gruppen betreut. Im Herbst 1972 waren es bereits 23 Kinder mit sechs Mitarbeiterinnen in drei Gruppen.

Erste Anlaufstelle für Eltern
Als Anlaufstelle für die Eltern und organisatorischer Mittelpunkt diente die Geschäftsstelle der Lebenshilfe Kreisvereinigung Traunstein. Sie wurde ebenfalls in den Räumlichkeiten von Schloss Pertenstein eingerichtet. Erzieherinnen und Kinderpflegerinnen, die sich zunehmend auch sonderpädagogisch weiterbildeten, betreuten an fünf Tagen pro Woche ganztägig Kinder und Jugendliche, für die zu jener Zeit noch keinerlei schulische Begleitung existierte. Zum pädagogischen Angebot gehörten unter anderem Schwimmen, Reiten und Gymnastik. Der Hin- und Rücktransport der Kinder erfolgte zunächst privat, später mit einer eigens eingerichteten Buslinie.

Eingangsbereich zur Tagesstätte

Soldaten aus Traunstein als Helfer

Peter Bantlin erinnert sich: „Soldaten des Gebirgsflugabwehrbataillons 8 Traunstein waren bereit, sich in ihrer freien Zeit für die humanitäre und soziale Unterstützung von Menschen, die am äußersten Rand der Gesellschaft lebten, einzusetzen. Schnell erkannten sie, dass etwas entstand, das Kindern mit schweren mehrfachen Behinderungen neue Lebensperspektiven eröffnete und deren Eltern großartige Hilfen zur Bewältigung des Alltags bereitstellte.

Dieser Einsatz hat wesentlich zum Gelingen des Ausbaus in Schloss Pertenstein beigetragen. Der damalige Kommandeur des Bataillons, Oberstleutnant Hugo Schwarz, hatte für derartige Einsätze stets ein offenes Ohr und brachte dies bei der Einweihung des Tagesstättenausbaus auch zum Ausdruck. Wie er später im Gespräch äußerte, gewann er nachhaltige Eindrücke aus einer für ihn – mit zwei gesunden Kindern gesegnet – ,anderen Welt'."

Benefizkonzert hilft Ausbau zu finanzieren

Einer Idee von Peter Bantlin war es zu verdanken, dass das Musikkorps der 1. Gebirgsdivision Garmisch-Partenkirchen für ein Benefizkonzert gewonnen werden konnte, um mit dem Erlös einen Teil der Ausbaukosten zu finanzieren. Nach Rücksprache von Oberstleutnant Schwarz mit der Divisionsführung entstand daraus das heute noch regelmäßig stattfindende Benefizkonzert für die Lebenshilfe Traunstein. Später ging der Erlös der Konzerte an die Lebenshilfe Traunstein und die Aktion „Die im Dunkeln sieht man nicht" gemeinsam.

Letztere wurde 1985 von Charlotte Wamsler ins Leben gerufen. Ihr Mann Rudolf Wamsler, damals Oberbürgermeister von Traunstein und alle seine Nachfolger und gleichermaßen Oberstleutnant Hugo Schwarz und alle nachfolgenden Kommandeure des Traunsteiner Verbandes haben die Konzerte zu einer guten Tradition gemacht.

Reformierung des Schulgesetzes

Die Heilpädagogische Tagesstätte in Schloss Pertenstein bestand von 1971 bis 1983. Da in diesen Jahren das Schulgesetz reformiert worden war, mussten die Schulen alle Kinder mit Behinderung, auch Kinder mit mehrfachen Behinderungen, aufnehmen. Zudem waren inzwischen etliche Kinder, die in der Heilpädagogischen Tagesstätte gefördert wurden, über 18 Jahre alt.

Das führte schließlich zu dem Entschluss, die Tagesstätte aufzulösen und Hilfe im Hinblick auf eine Tagesstruktur für volljährige Menschen mit Behinderung in Form einer Förderstätte anzubieten. Diese Entwicklung erstreckte sich über mehrere Jahre, das heißt, dass die Heilpädagogische Tagesstätte den neuen Gegebenheiten entsprechend allmählich in die Förderstätte überging.

Einrichtungen wie das Heilpädagogische Zentrum in Ruhpolding und das Wilhelm-Löhe-Zentrum in Traunreut übernahmen die schulische Betreuung der Kinder mit Behinderungen.

Erste Werkstätte in Eisenärzt

1972 Erste Werkstätte in Eisenärzt

Schon 1969 bei der Gründung der „Lebenshilfe für das geistig behinderte Kind" im Landkreis Traunstein hatte die Absicht bestanden, für Erwachsene mit geistiger Behinderung adäquate Arbeitsmöglichkeiten in Form einer „Beschützenden Werkstätte" zu schaffen. Dabei wurde bereits frühzeitig an einen Neubau gedacht.

Als vorläufige Lösung wurde ab Montag, den 2. Oktober 1972, das Gebäude der Volksschule in Eisenärzt für 150 DM monatlich angemietet. Ehemalige Klassenräume dienten nun als Arbeitssäle. Umbau und Einrichtung gelangen, weil viele Mitbürger, Handwerksbetriebe und Firmen tatkräftige Hilfe leisteten.

In dieser allerersten Werkstätte für Menschen mit Behinderung im südostbayrischen Raum waren zunächst elf Jugendliche und Erwachsene im Alter von 19 bis 43 Jahren beschäftigt. Sie führten Sortierarbeiten für eine Spielzeugfabrik aus oder feilten und entgrateten Plastik- und Metallteile für die Brillenherstellung.

Bereits im Dezember 1972 waren fünf weitere Menschen mit Behinderung dazugekommen. Der Tagesplan, der auch hinreichend Pausen und Aufräumen vorsah, ging von 8 Uhr bis 15 Uhr. Einmal wöchentlich waren Zeichnen, Malen, Schreiben, Sprachunterricht durch einen Logopäden sowie die Möglichkeit für Aussprachen von Heilpädagogen und Eltern vorgesehen.

Am 24. Oktober 1972 besichtigte der Vorstand der Lebenshilfe Kreisvereinigung Traunstein e.V. die Werkstätte in Eisenärzt.

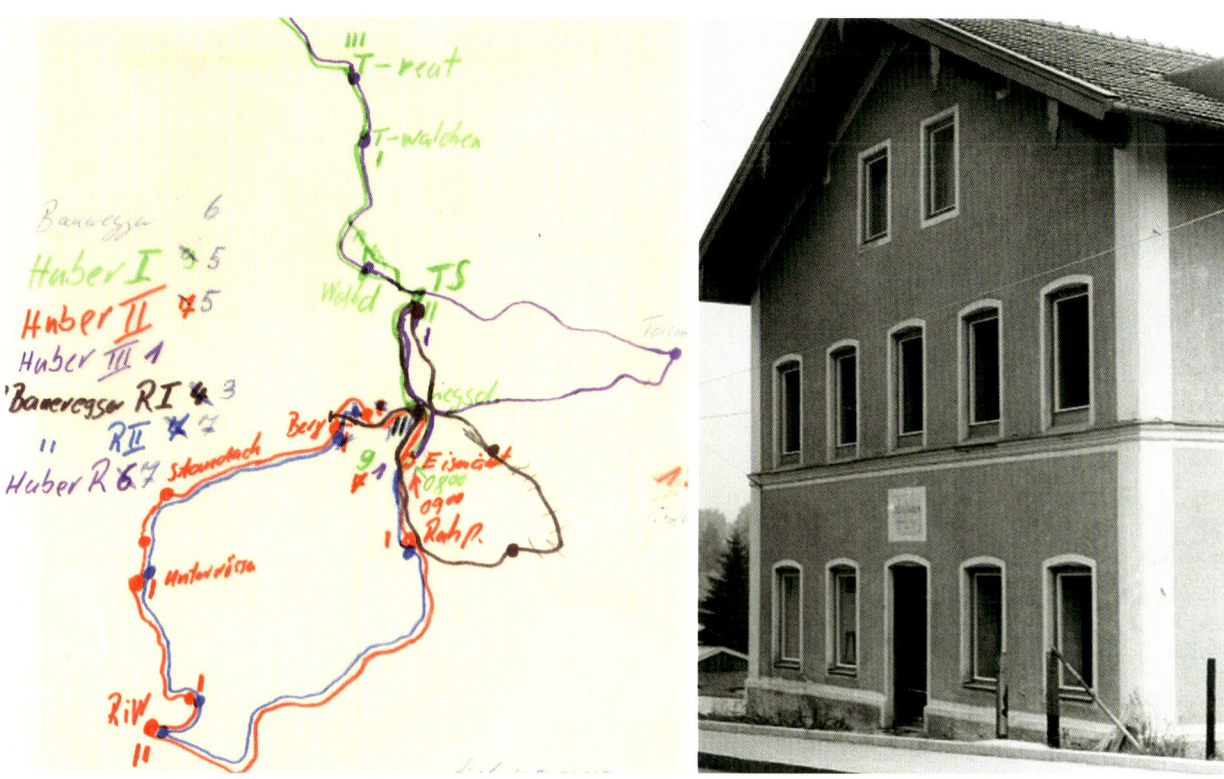

Bild links: Der erhalten gebliebene Busplan weist eine Strecke von täglich 372 km aus, die unter anderem Reit im Winkl, Teisendorf und Trostberg einbezog.
Bild rechts: Außenansicht der ersten Werkstätte in Eisenärzt
Bild unten: Außenansicht der zweiten Werkstätte in Oberweißenkirchen

1973 Zweite Werkstätte in Oberweißenkirchen

Für den nördlichen Landkreis Traunstein wurde im Herbst 1973 in einem ehemaligen Stall in Oberweißenkirchen bei Palling der zweite provisorische Standort einer Werkstatt für Menschen mit Behinderung eingerichtet. Drei Mitarbeiter waren für anfänglich 18 betreute Menschen zuständig. Hauptauftrag waren Montagearbeiten für eine Elektrofirma.

Folgender Auszug aus dem Tätigkeitsbericht der Werkstätten in Eisenärzt und Oberweißenkirchen vom 22. April 1974 belegt, was zwischen November 1972 und März 1974 produziert worden war:

```
  4.931 Stück Boccia-Taschen gefertigt
 33.920 Stück Bügel für Plastiktaschen eingefügt
 18.100 Stück Federbälle zusammengesetzt
    837 Stück Springbecher zusammengesetzt
  1.071 Stück Spiele „Wer spielt mit?" zusammengesetzt
 10.985 Stück Roulettes zusammengesetzt
103.000 Stück Klemmhalter für Elektro-Herde gefertigt
```

Franz Schweinöster von Anfang an dabei...

Franz Schweinöster (zweiter von links) in jungen Jahren mit seinen Arbeitskollegen in der Werkstätte der Lebenshilfe in Traunreut.

Ein langes Arbeitsleben
Seit rund einem Jahr ist **Franz Schweinöster** aus Eisenärzt heute, 2019, in Rente. Davor war er 45 Jahre lang in der Schreinerei der Chiemgau-Lebenshilfe-Werkstätte beschäftigt, welche über all die Jahre mehrmals ihren Standort änderte.
Mit 20 Jahren kam Franz zunächst in seinem Wohnort Eisenärzt in die erste Werkstätte der Lebenshilfe, die damals im ehemaligen Schulhaus der Gemeinde eingerichtet wurde. In den früheren Klassenzimmern waren die Möglichkeiten zur Ausführung verschiedener Arbeiten noch sehr eingeschränkt.

Von zuhause kennt Franz Schweinöster viele Arbeitsvorgänge gut und **mag den Werkstoff Holz**. Sein Vater war Schreiner und der Sohn war dann sein ganzes eigenes Arbeitsleben lang ebenfalls in der Schreinerei tätig, zunächst in Traunreut, dann in Höhenstetten und schließlich in der neuen Oderberger Werkstätte.

…und inzwischen im Ruhestand

Franz Schweinöster (ganz rechts) mit seinen Arbeitskollegen in der Oderberger Werkstätte, die 2016 eröffnet wurde.

Der jetzt 66-Jährige hat seine Arbeit immer gern und zuverlässig verrichtet, hat unter den Kollegen Freunde gefunden und sich wohl gefühlt. Er war sogar richtig traurig, als er letztes Jahr in den Ruhestand verabschiedet wurde. Seitdem ist er zuhause, wo er mit seiner Schwester Burgi Scherzer in einer Wohngemeinschaft lebt. Einmal in der Woche geht er in die Gruppe TANGO der Lebenshilfe für Senioren, und hin und wieder schaut er bei seinen alten Kollegen in der Werkstätte in Oderberg vorbei. Daheim macht er sich im Garten nützlich und unterstützt seine Schwester bei den anfallenden Arbeiten.

„Die Werkstätte war für sein Leben das Rückgrat neben der Basis daheim", betont Burgi Scherzer. „Es war wichtig für ihn, dass er eine Aufgabe hat und Anerkennung findet. Wir waren immer sehr froh und dankbar, dass es diese Einrichtung gibt." Als guter, zuverlässiger Arbeiter und ruhiger, angenehmer Kollege war Franz Schweinöster allseits beliebt. Das wird auch deutlich, wenn er jetzt mal wieder auf einen kurzen Besuch bei den ehemaligen Kollegen vorbeischaut.

1974–1977 Sondertagesstätte in Vachendorf

Ein Hort für Schulkinder mit Behinderung

Edith Stamm erinnert sich: Von 1975 bis 1977 arbeitete ich in dem Hort, den die Lebenshilfe Traunstein in Vachendorf unterhielt. Die Gruppe bestand aus zehn Kindern, die vormittags die Sonderschule Traunstein in einem Gebäude der dortigen Realschule besuchten. Nach dem Unterricht brachte ein Bus die Kinder von Traunstein nach Vachendorf. Das Mittagessen kam täglich aus der Kantine der Bundeswehr-Kaserne in Traunstein.

Am Nachmittag wurden die Kinder betreut und beschäftigt. Die Aktivitäten im Freien integrierten die Kinder gut im Dorf. Wir machten viele kleine Spaziergänge, besuchten auch ein Gasthaus und im Sommer vor allem regelmäßig das Schwimmbad. All das förderte im Dorf das Verständnis und ermöglichte gute Kontakte mit den Vachendorfern. Die Kinder wurden bekannt und gut akzeptiert.

Am Abend kam ein Kleinbus und brachte alle Kinder heim.

Hintergründe

Im damaligen Informationsheft über die Geschichte der Lebenshilfe Kreisvereinigung Traunstein von 1969–1976 ist zu lesen:

Als eine große Notwendigkeit erwies sich im Herbst 1974 die Eröffnung einer Sondertagesstätte für wenigstens zehn Besucher der Sonderschule G (für Geistigbehinderte) Traunstein, in angemieteten Räumen im Haus Schmachterl in Vachendorf. Mit der Verlegung der Sonderschule G ab April 1977 von Traunstein nach Ruhpolding erübrigte sich die Betreuung durch die Lebenshilfe.

Informationsheft der Lebenshilfe Kreisvereinigung Traunstein

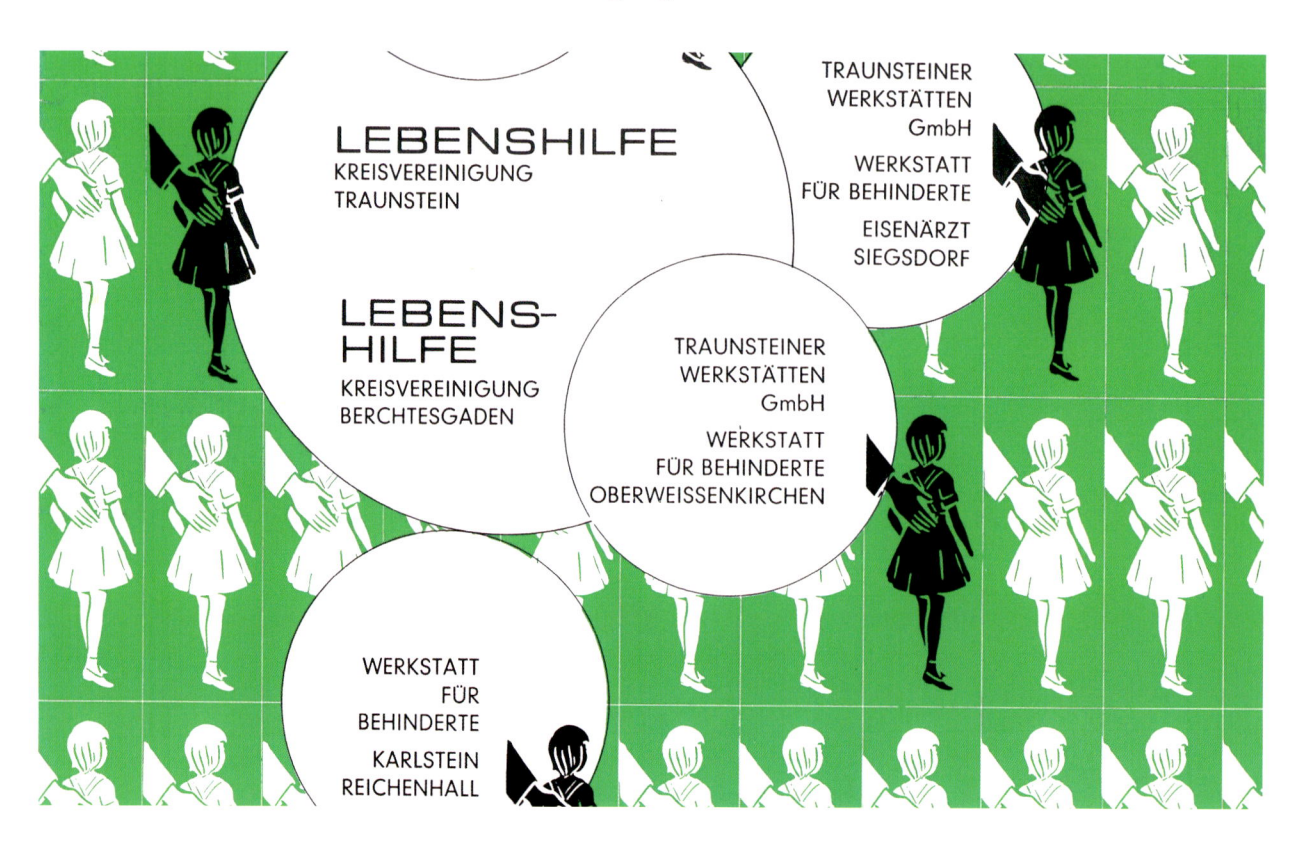

Die weitere Entwicklung der ersten Werkstätten

Im Jahr 1974 wurde ein Kuratorium gegründet, um Aufträge für die Werkstätten zu beschaffen. Leitsatz des Kuratoriums war:
„Wenn du schon einem Menschen nicht aus seiner Not helfen kannst, dann hilf ihm in seiner Not!"

1975 Traunsteiner Werkstätten GmbH
Die Auflösung des Kuratoriums und Umwandlung der beiden „Beschützenden Werkstätten" der Lebenshilfe Kreisvereinigung Traunstein in Eisenärzt und Oberweißenkirchen in eine GmbH erfolgten 1975.

Neuer Name war „Traunsteiner Werkstätten GmbH, Einrichtung der Lebenshilfe". Die Regierung von Oberbayern machte damals zur Auflage, ein Gesamtwerkstättenkonzept für den Landkreis Traunstein und das Berchtesgadener Land zu erstellen.

Bis zum 18. Januar 1980 wurde der Name „Traunsteiner Werkstätten GmbH, Einrichtung der Lebenshilfe" verwendet. Um dem Zusammenschluss mit der Werkstatt Karlstein 1976 Rechnung zu tragen, erfolgte dann 1980 eine weitere Umbenennung in „Vereinigte Werkstätten GmbH, Einrichtungen der Lebenshilfe Traunstein und Berchtesgadener Land".

Aus dem Informationsheft der Lebenshilfe Kreisvereinigung Traunstein:

Kuratorium zur Unterstützung der Lebenshilfe für geistig Behinderte e. V.

Kreisvereinigung Traunstein

In dem Wissen einer guten Sache zu dienen, haben wir uns gern in dem Kuratorium zur Unterstützung der Lebenshilfe im Landkreis Traunstein zusammengefunden und handeln nach unserem Leitsatz:

„Wenn du schon einem Menschen nicht aus seiner Not helfen kannst, dann hilf ihm in seiner Not!"

1. Vorsitzender
ALOIS GLÜCK
Fach-Journalist, MdL

2. Vorsitzender
LEONHARD SCHMUCKER
Landrat

3. Vorsitzender
JOACHIM GRAMBOW
Direktor Siemens Traunreut

JOHANN DIERL
1. Vorsitzender, BLSV Kreis 6

MATTHIAS ENGELSBERGER
Dipl.-Ing., MdB

OSKAR ERDL
Verleger

FRANZ EBERT
Kreisheimatpfleger

DR. MED. C.-H. MAYERHOFER
Vorsitzender d. ärztl. Kreisverbandes

GEORG GSCHWENDNER
stellv. Landrat, Bürgermeister

FRANZ HABERLANDER
Bürgermeister

DR. LUDWIG HUBER
MdL, Finanzminister

FRANZ NIEGL
Dekan

DR. ING. ROLAND SCHMIED
Stahlbau

LUDWIG SCHWABL
MdL, Bürgermeister

RUDOLF WAMSLER
Oberbürgermeister

JOSEF WEX
stellv. Landrat, Bürgermeister

WERNER WERNER
BRK Kreisverband

KLAUS DORFNER
Regionalkaplan

1976 Zusammenschluss der Traunsteiner Werkstätten und der Werkstatt Karlstein

Der Zusammenschluss der Traunsteiner Werkstätten GmbH von damals 70 Menschen mit Behinderung an den beiden Standorten Eisenärzt und Oberweißenkirchen und der Werkstatt Karlstein (Bad Reichenhall) von damals 30 Menschen mit Behinderung erfolgte 1976. Damit war eine wesentliche Forderung der Regierung erfüllt. Allerdings konnte man auch durch den Zusammenschluss der insgesamt drei Werkstätten die geforderten 120 Plätze noch nicht erreichen.

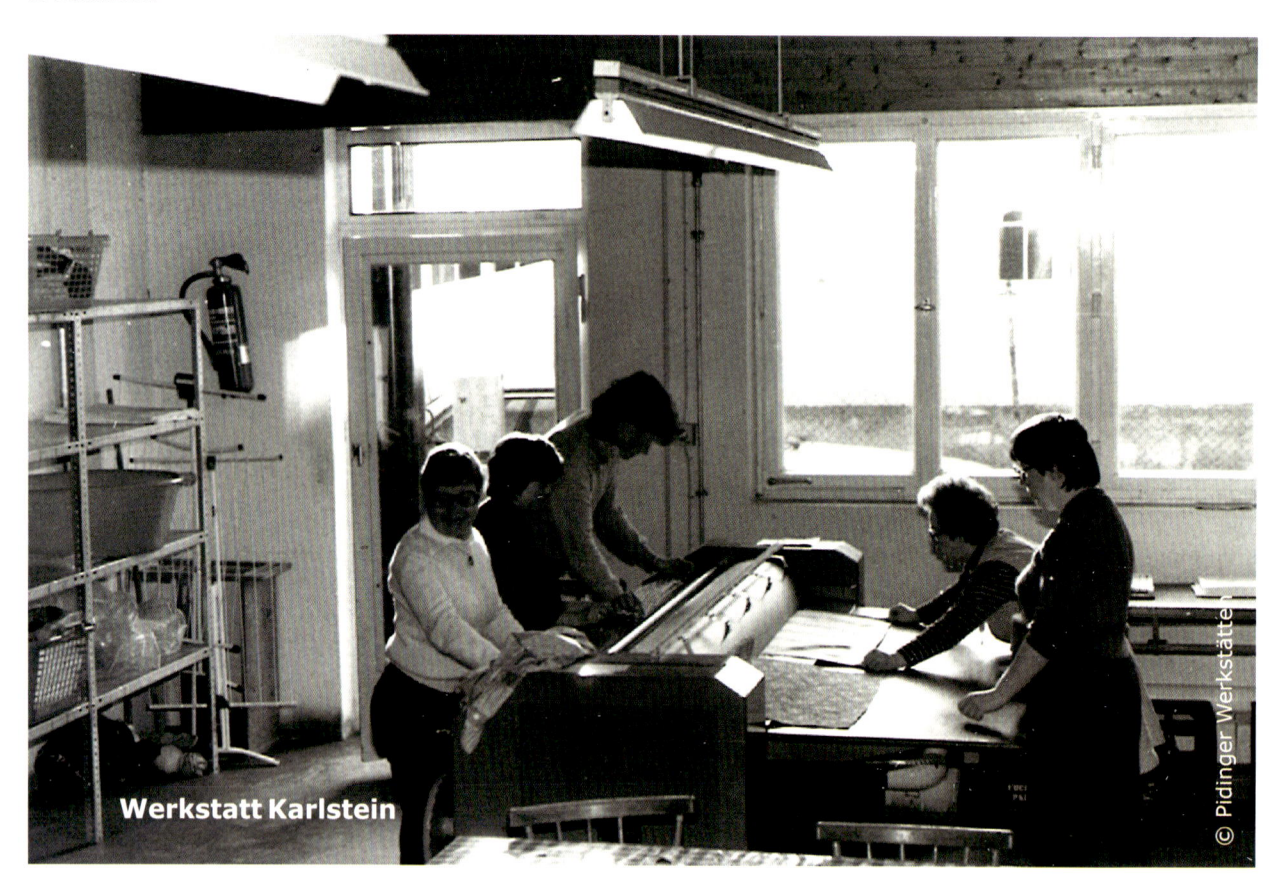

Werkstatt Karlstein

Aktion 77
für den Werkstatt-Neubau in Traunreut

Im April 1977 begann die **Aktion 77**. Die Lebenshilfe Kreisvereinigung Traunstein, die Traunsteiner Werkstätten GmbH und die Kreisvereinigung der Lebenshilfe Berchtesgadener Land stellten in einem einmalig erscheinenden Informationsheft dar, was bis dahin geleistet worden war. Gleichzeitig startete mit der Aktion 77 eine Vielzahl von Aktivitäten, um die erforderlichen Mittel für den Werkstatt-Neubau in Traunreut zu beschaffen.

Besonders erwähnenswert sind hier die vielen 5- und 10-DM-Spenden aus der Bevölkerung und als Kuriosum der Obolus einer japanischen Reisegesellschaft, die bei einer Rast im damaligen Stadlerbräu in Fridolfing 27 US-Dollar und 140 Österreichische Schillinge für die Aktion 77 spendete.

AKTION 77

nennen wir alle Aktivitäten, welche dazu beitragen, die für den Werkstatt-Neubau in Traunreut erforderlichen Mittel zu beschaffen.

KONTO 17772

KREISSPARKASSE TRAUNSTEIN

Für jeden bietet sich eine Chance mitzuhelfen

Start April **77**

Für was entscheiden Sie sich ???

- ▶ Mithilfe bei der Verteilung von 10 000 Stück dieser Broschüren
- ▶ Flohmärkte organisieren
- ▶ Wohltätigkeitsveranstaltungen durchführen
- ▶ Briefmarkenaktion unterstützen
- ▶ Haus- und Straßensammlung abhalten
- ▶ Heimatabende veranstalten
- ▶ Oder uns einfach eine Spende überweisen

Wir selber werden vieles tun wie:

- ▶ In der Presse für bestmögliche Publizierung aller Ereignisse sorgen
- ▶ Wettbewerbe der guten Ideen veranstalten und prämiieren
- ▶ Vereinen, Vereinigungen, Schulen etc. spezielle Möglichkeiten anbieten
- ▶ Organisatorisch und beratend alle Initiativen unterstützen
- Die Namen der Gönner veröffentlichen

weitersagen - weitergeben - weitersagen - weitergeben - weitersagen - weitergeben

Die Werkstatt für Behinderte wächst

„Aktion 77" erbrachte bisher 128 212 DM — Der Landrat an der Baustelle

Ganz in der Nähe vom „Württemberger Hof" in Traunreut-NO entsteht ein Bau, der einschließlich seiner Einrichtung 5,3 Mio DM kosten wird. Die Traunsteiner Werkstätten GmbH, eine Einrichtung der Lebenshilfe für geistig Behinderte e. V. für die Landkreise Traunstein und Berchtesgadener Land, errichten hier eine Werkstätte, die als Betreuungsstelle für Behinderte dienen wird, die in der Lage sind, ein Mindestmaß an wirtschaftlich verwertbarer Arbeit zu leisten. Statistiker haben herausgebracht, daß die Zahl der Behinderten mit etwa einem Tausendstel der Bevölkerung anzusetzen ist. Im Hinblick auf die Einwohnerzahl des Landkreises Traunstein entstehen daher in Traunreut durch die Lebenshilfe 140 Arbeitsplätze, an denen behinderte Menschen das befriedigende Gefühl erlangen können, Arbeit zu leisten und damit nützlich zu sein. Hier werden dann auch die provisorischen Zwischenlösungen in Eisenärzt und Oberfeldkirchen mit je 30 Arbeitsplätzen zusammengefaßt.

Am vergangenen Montag unterrichtete sich Landrat Leonhard Schmucker zusammen mit Alois Glück MdL und Dr. Lorenz Amann aus Ruhpolding an Ort und Stelle über den Baufortschritt. Anwesend waren dabei auch Stadtbaumeister Paulheinrich Wegner als Vertreter von Bürgermeister Franz Haberlander, Geschäftsführer Paul Schaller und weitere Mitarbeiter der Lebenshilfe, besonders auch Hans Butschek als Berater für den Werkstatt-Neubau und der Architekt dieser richtungweisenden Anlage, Rudolf Lechner, Traunstein.

Die Bauarbeiten haben im November 1977 begonnen, wurden zwar seither durch den Winter gebremst, aber immerhin sind die Kellerräume schon betoniert. Im Sommer dieses Jahres schon hofft man das Richtfest feiern zu können, mit der Fertigstellung wird für Ende 1978 oder Frühjahr 1979 gerechnet. Die gesamte bebaute Fläche wird 3175 qm groß sein, davon 1905 qm für Werkstätten und Lager. Eingerichtet werden die Werkstätten für Metall- und Holzverarbeitung, Montage- und Kartonagenherstellung. Zur Betreuung und Anleitung der Behinderten und in der Verwaltung werden etwa 30 Personen tätig sein. Später soll noch ein zweiter Bauabschnitt mit nochmals rund 1900 qm hinzukommen. Bautechnisch wird nach dem bisherigen Stand der Dinge alles glatt laufen. Lediglich die Frage der Heizung ist noch in der Schwebe. Aus Gründen der Wirtschaftlichkeit und des Umweltschutzes wird eine Erdgasheizung als wünschenswert betrachtet, und zwar zusammen mit der neuen Traunreuter Schule, die in nächster Nachbarschaft entstehen wird. Dazu müßte aber Traunreut früher ans Erdgasnetz angeschlossen werden und nicht erst, wovon derzeit die Rede ist, gegen Ende 1979.

Von den 5,3 Mio Gesamtkosten entfallen 4,6 Mio DM auf den Bau und 700 000 DM auf die Einrichtung. Der Finanzierungsplan sieht folgendermaßen aus: 1,7 Mio DM von der Bundesanstalt für Arbeit, 1 060 000 DM vom bayerischen Arbeitsministerium, 840 000 DM Ausgleichsabgabe von der Regierung von Oberbayern, 800 000 DM vom Bezirk Oberbayern, 200 000 DM vom Landkreis Traunstein, Erschließungsleistungen der Stadt Traunreut in der Höhe von rund 250 000 DM, dazu 450 000 DM Eigenmittel.

Nach der Erläuterung der Pläne durch Architekt Rudolf Lechner gab H. Kindler von der Lebenshilfe einen Bericht über die im Rahmen der „Aktion 77" eingegangenen Spenden. Demnach sind bisher zur Stärkung der Eigenmittel insgesamt 128 212,38 DM eingegangen. Der größte Einzelbetrag dabei war eine Stiftung der Firma Heidenhain in Traunreut in Höhe von 50 000 DM. Von anderen Firmen kamen in Beträgen bis zu 1000 DM weitere 10 850 DM zusammen. Von den Gemeinden des Landkreises Traunstein, die insgesamt bisher 21 220 DM aufbrachten, griffen Ruhpolding und Stein/Traun mit je 3000 DM und Reit im Winkl mit 2000 DM am tiefsten in die Taschen. Vereine und Verbände trugen 28 351 DM bei. Davon brachten die Junge Union durch verschiedene Aktionen 9106 DM auf, die Katholische Landjugend

Artikel aus dem *Traunreuter Anzeiger* vom 1./2. März 1978

An der Baustelle des Werkstättenbaues in Traunreut erläuterte Architekt Rudolf Lechner (rechts) seine Planung. Seine Zuhörer waren dabei Landrat Schmucker, MdL Glück, Dr. Amann und Hans Butschek (von der Mitte nach links).

8000 DM und die Bundeswehr in Traunstein 3100 DM auf. Private Spender steuerten dazu 17 790 DM bei.

Man hofft, daß der Spendenfluß noch weitergeht, denn immerhin sind 450 000 DM Eigenmittel aufzubringen. Die Spendenkonten — Nr. 17 772 bei der Kreissparkasse und 77 771 bei der Raiffeisenbank — sind nach wie vor aufnahmefähig. Und sehr willkommen sind auch Mitteilungen, wie sie Hans Butschek bei dieser Besprechung mit Landrat Schmucker gemacht hat: daß die Firma Siemens die Absicht hat, die in dem Werkstättenkomplex erforderlichen Beleuchtungskörper zu stiften. R. Se.

**Neue Werkstätte
in Traunreut**

1979 Werkstätten-Neubau in Traunreut

Im Herbst 1979 hatte die Zeit der provisorischen Lösungen der ersten „Beschützenden Werkstätten" in Eisenärzt und Oberweißenkirchen ein Ende. In Traunreut konnte der Neubau der Werkstätten bezogen werden. Über fünf Jahre dauerte der Prozess des Planens, bis alle rechtlichen, finanziellen, organisatorischen, personellen und vor allem architektonischen Fragen zufriedenstellend gelöst waren. Die Bauarbeiten begannen im November 1977. Werkstätten für Metall- und Holzverarbeitung, Montage- und Kartonagenherstellung sowie Räumlichkeiten für Verwaltung, Lager, Therapie und Speisesaal wurden errichtet. Dieses Spektrum ergänzte bald auch eine eigene Kfz-Werkstatt.

Die Kapazität von 140 Arbeitsplätzen für Menschen mit Behinderung war zukunftsorientiert und richtete sich nach der Einwohnerzahl des Landkreises Traunstein und der Berechnung von Statistikern. Man ging davon aus, dass die Zahl der Menschen mit Behinderung mit etwa einem Tausendstel der Bevölkerung anzusetzen sei. Mit der Eröffnung der Werkstätte in Traunreut fanden nun 75 Menschen mit Behinderung dort ihre Arbeitsplätze.

Werkstatt Karlstein und Namensänderungen 1980 und 1981

Seit 1976 gehörte auch die Werkstatt in Karlstein (Bad Reichenhall), welche im Februar 1974 ihren Betrieb aufgenommen hatte, zur Traunsteiner Werkstätten GmbH. Um dieser Tatsache Rechnung zu tragen, beschlossen die Gesellschafter mit Beschluss vom 18. Januar 1980 (ohne Handelsregistereintrag) **einen neuen Namen:** „Vereinigte Werkstätten GmbH, Einrichtungen der Lebenshilfe Traunstein und Berchtesgadener Land".

Am 29. September 1981 erfolgte die **zweite Namensänderung** und der Eintrag ins Handelsregister unter der neuen Bezeichnung „Vereinigte Behindertenwerkstätten GmbH, Einrichtungen der Lebenshilfe Traunstein und Berchtesgadener Land".

Die Arbeit in Traunreut hat begonnen.

Kfz-Werkstatt in Traunreut

Schon Anfang der 1980er-Jahre gehörte die Kfz-Werkstatt zu den Gewerken, in denen innerhalb der Werkstätten Menschen mit Behinderung ausgebildet werden konnten. Damit trug die Lebenshilfe den Vorstellungen des Gesetzgebers Rechnung, wonach Menschen mit Behinderung für eine künftige Tätigkeit ausgebildet sein mussten.

Heute stehen in der Kfz-Werkstatt die technischen Möglichkeiten wie in jeder anderen Reparaturwerkstatt zur Verfügung. Wöchentlich nimmt die DEKRA Fahrzeuge ab.

1984 Behindertenwerkstätte Piding

Die rasante Entwicklung, die die Lebenshilfe Kreisvereinigung Traunstein und Berchtesgadener Land mit ihren Werkstätten nahm, wirkte sich dann auch auf die Werkstätte in Karlstein aus. Am 1. Oktober 1984 öffnete die neu erbaute Behindertenwerkstätte in Piding als Außenstelle der „Vereinigte Behindertenwerkstätten GmbH" als Arbeitsplatz für 80 Menschen ihre Tore.

Erweiterungen der Werkstätte in Traunreut

1986 wurde die Werkstätte in Traunreut mit Mitteln der Aktion Sorgenkind – früherer Name der heutigen Aktion Mensch – von 140 auf 200 Arbeitsplätze für Menschen mit Behinderungen erweitert.

Im Jahr **1991** erfolgte die Anmietung der sogenannten **Außenstelle Siemensstraße** in Traunreut, am heutigen Standort in der Werner-von-Siemensstraße. Dort nahmen 20 Beschäftigte 1991 ihre Tätigkeit auf. Noch im selben Jahr begannen die Umbauarbeiten, die im Oktober 1992 abgeschlossen werden konnten. Somit fanden hier nun 60 Menschen mit Behinderung einen Arbeitsplatz. Aktuell befindet sich die Fachwerkstatt für Menschen mit seelischer Erkrankung in diesen Räumlichkeiten.

1995 wurde in der Hauptstelle der Werkstätten in Traunreut in der Bodelschwinghstraße eine eigene Küche eingerichtet und in Betrieb genommen.

Seit 2016 befindet sich die Küche, die alle Einrichtungen der Chiemgau-Lebenshilfe-Werkstätten versorgt, in Oderberg.

Im Jahr **1996** folgte dann die Vergrößerung der Schreinerei, um der erhöhten Nachfrage gerecht zu werden. Das sollte nicht die letzte Erweiterung bleiben. Vorwegnehmend sei hier der Produktionsstandort in Höhenstetten (ab 2006) sowie dessen Integration in die Oderberger Werkstätten (2016) genannt.

Schließlich entstand **1996** auch noch ein **Beschützter Arbeitsbereich**, heute Beruhigter Arbeitsbereich genannt, in dem Menschen in der Werkstatt besonders gefördert werden können.

1996 Chiemgau-Lebenshilfe-Werkstätten GmbH

Im Januar 1996 wurde die vollständige Trennung der Werkstätten in eigenständige Rechtsformen realisiert. Die beiden bisherigen Gesellschafter – Lebenshilfe Kreisvereinigung Traunstein e.V. und Lebenshilfe Berchtesgadener Land e.V. – kamen gemeinsam zu diesem Entschluss. Damit entstanden die selbstständige Chiemgau-Lebenshilfe-Werkstätten GmbH und die Pidinger Werkstätten GmbH.

Diese sinnvolle, aus Kapazitätsgründen notwendige Trennung und die Schaffung neuer Führungsstrukturen wurden in der Zeit herbeigeführt, als Martin Seidl, Landrat des Landkreises Berchtesgadener Land von 1984–2002, Vorsitzender des Aufsichtsrats der beiden Werkstätten war. Insgesamt erfüllte Martin Seidl diese Aufgabe von 1987–1996.

Die gewünschte Eingliederung in die Gesellschaft, die Integration der Menschen mit Behinderung ins Arbeitsleben, war somit für beide Landkreise weiterhin gesichert.

In der Erinnerung von Peter Bantlin stellen sich diese vielfältigen Veränderungen innerhalb der ersten großen Wachstumsphase so dar:

„**Aufsichtratsvorsitzender der Werkstätten** war zehn Jahre lang (1977–1987) **Heinz Meyer,** damals Geschäftsführer der Bosch/Siemens Hausgeräte GmbH. Er hat die Provisorien der Werkstätten Oberweißenkirchen und Eisenärzt bis zum Neubau in Traunreut helfend begleitet.

1987 übernahm **Martin Seidl** diese Aufgabe, zu einer Zeit also, als die Werkstätten der zwei Landkreise für Menschen mit Behinderungen noch gemeinsam geführt wurden. Die Schaffung von Arbeitsplätzen, verbunden mit der notwendigen Infrastruktur für menschliches und behindertengerechtes Arbeiten, war Martin Seidl eine Herzensangelegenheit.

Der wachsende Bedarf an Arbeitsplätzen erforderte Anfang der neunziger Jahre neue Überlegungen. Zudem stellte sich das ständige Pendeln zwischen Piding und Traunreut auf Dauer als zu hohe Belastung für Hubert Tita heraus, damals Geschäftsführer der Werkstätten. Es reifte der Entschluss, eine Trennung der Werkstätten herbeizuführen, deren Ziel die jeweilige Selbstständigkeit war."

Martin Seidl

„Unser Walter"
Sozialkritische Serie über den Lebensweg eines Jungen mit Down-Syndrom

Filmautor Heiner Michel unternahm es, Anfang der siebziger Jahre das Leben eines Jungen mit Downsyndrom und seiner Familie über einen Zeitraum von zwanzig Jahren zum Gegenstand einer siebenteiligen Fernsehserie zu machen.
Beschrieben wird das Leben Walter Zabels von 1955 bis 1974.
Als ihr Sohn Walter zweieinhalb Jahre alt ist, teilt ein Arzt dem Ehepaar Zabel mit, dass der Junge das Down-Syndrom hat. Für die Eltern bricht eine Welt zusammen.
Das Leben mit Walter gestaltet sich schwierig. Kindergärten und Schulen lehnen den Jungen ab, und Walter muss privat unterrichtet werden. Die Mutter kann nicht mehr im Familiengeschäft mitarbeiten, weil sie sich um Walter kümmern muss, der Vater muss seinen Laden daraufhin aufgeben. Tochter Sabine, drei Jahre jünger als Walter, fühlt sich vernachlässigt. Fremde begegnen Walter mit Skepsis. Im Lauf der Jahre lernen die Zabels mit der Situation umzugehen, und auch Walter lernt, sich in der Welt zurechtzufinden. Eine große Hilfe ist Onkel Gerd, der anfangs in einem Heim für Behinderte seinen Ersatzdienst leistet und sich später als Facharzt auf die Behandlung von Kindern mit geistiger Behinderung spezialisiert. Die Beziehungen zwischen Walter und seinen Eltern verändern sich mit seinem Älterwerden. Die Eltern lernen, sich nicht von der Ablehnung der Umwelt bestimmen zu lassen, sondern Menschen in Walters Umfeld neue Sichtweisen auf die Behinderung abzufordern, etwa, indem sie sich für eine angemessene Ausbildung Walters einsetzen.
(Quellen: *Fernsehlexikon* von Michael Reufsteck und Stefan Niggemeier und Covertext der DVD „Unser Walter", Eikon-Film, 2006).
Diese sozialkritische Serie hielt detailgenau und lebensnah fest, wie sich die Behinderung ihres Kindes und heranwachsenden Jungen auf eine Familie in den sechziger und siebziger Jahren auswirkte, wie das Umfeld reagierte, welche Hilfen es gab oder auch nicht gab.
Die Parallelität zwischen den Anfangsjahren der Lebenshilfe Traunstein und den ersten zwanzig Jahren im Leben Walters wird deutlich.
Im Film besucht Walter/Ottmar eine „Beschützende Werkstatt", im wahren Leben eröffnete die Lebenshilfe Traunstein 1972 und 1973 ihre ersten Werkstätten für Menschen mit Behinderungen.

Ottmar Lehrmann (Mitte) in Folge 7 von „Unser Walter"

Ottomar „Ottmar" Lehrmann

Ottomar Lehrmann, vielen Menschen in seiner Umgebung eher als Ottmar bekannt, wurde 1951 in Reit im Winkl geboren und wuchs dort zusammen mit zwei Brüdern auf. Von seinem Schulbesuch bei den Schulschwestern in Schönbrunn bei Dachau, bei denen er Lesen und Schreiben lernte, erinnert er sich, dass „fünf, sechs Buben in einer Klasse" waren.

In Reit im Winkl ist Ottmar, wie er sich selber nennt, als eifriger, zuverlässiger Linienrichter bei etlichen Fußballspielen in Erinnerung geblieben. Ottmar spielte in der siebenteiligen ZDF-Serie „Unser Walter – Leben mit einem Sorgenkind" in der letzten Folge den 21-jährigen Walter. Der damals 23-jährige Ottmar weiß heute noch, dass im Fernsehstudio täglich etwa dreieinhalb Stunden geprobt wurde. Er kommentiert seine Erfahrung weiter: „Gschwitzt hab ich beim Textlernen." Wurden die Innenaufnahmen zu anstrengend, half eine Stunde schlafen.
Die Fernsehserie wurde zuerst 1974 ausgestrahlt und 15 Jahre später von 3sat wiederholt. Wichtig dabei war, dass es den Filmemachern darum ging, einem breiten Publikum zu zeigen, wie man ohne Berührungsangst mit Menschen umgehen kann, die das Downsyndrom haben. Rückblickend kann man davon sprechen, dass „Unser Walter", ausgezeichnet mit dem Grimme-Preis, ein wichtiger Meilenstein in Richtung Integration war. Damals war es noch durchaus üblich, Menschen mit dieser geistigen Behinderung „mongoloid" zu nennen.
In „seiner" Folge spielte Ottmar das „Sorgenkind Walter", der als junger Mann in einer „Beschützenden Werkstatt" arbeitete. Sein Film-Onkel trainiert mit Walter systematisch das Verhalten in der Stadt, beim Einkaufen und möchte erreichen, dass er Hin- und Rückweg zur Arbeitsstelle alleine schafft.
Ottmar Lehrmann durchlief in seinem Berufsleben mehrere Stationen. Zunächst arbeitete er in der Beschützenden Werkstatt der Lebenshilfe Traunstein in Eisenärzt, also der allerersten Werkstätte der Lebenshilfe Traunstein. Später wechselte er nach Traunreut in die Traunsteiner Werkstätten GmbH. Von beiden Arbeitsstellen wurde die tägliche Heimfahrt mit dem Bus von der Lebenshilfe organisiert. Schließlich arbeitete Ottmar bis zu seinem Ruhestand in der Südwerkstatt in Traunstein und wohnt seitdem im Wohnheim in der Leonrodstraße.
Im heimatlichen Reit im Winkl pflegt Ottmar liebend gern seine alten Kontakte und besucht Bruder, Tanten und Onkel dort regelmäßig.
Gefragt, was er gerne tut, sagt Ottmar, dass er am Computer Bücher abschreibt. Sein sängerisches Talent entfaltet er bei der alljährlichen Weihnachtsandacht im Stötthamer Kirchlein und im Chor „Insieme", in dem Menschen mit und ohne Behinderung gemeinsam singen.

**Erstes Wohnheim
in St. Georgen**

1979/1980 Die zwei ersten Wohnheime

Während der Planung und Verwirklichung des Werkstätten-Neubaus wurde immer deutlicher, dass angemessene Wohnmöglichkeiten für die Menschen mit Behinderungen geschaffen werden mussten, die in den Werkstätten arbeiteten.

Gründung eines Wohnheims in Schweinfurt
Margot Zimmermann, damals Leiterin der Heilpädagogischen Tagesstätte Pertenstein, erinnert sich: „Ingrid Szeklinski hörte in dieser Zeit von der Gründung eines Wohnheims in Schweinfurt und sie war Feuer und Flamme dafür. Daraufhin sind wir gemeinsam mit unserem einzigen Dienstauto, einem uralten Fiat, zu einem Austausch nach Schweinfurt gefahren und haben die Möglichkeiten für ein Wohnheim im Landkreis Traunstein ausgelotet. Auch der damalige Vorstand war begeistert und hat das Projekt unterstützt. Daraufhin wurde nach einem Objekt gesucht und in St. Georgen gefunden. Das war der Anfang der Vergrößerung des ja bis dahin sehr kleinen Vereins Lebenshilfe. Es gab noch fast keine Erfahrung mit dem Projekt Wohnheim und somit war die Eröffnung des ersten Wohnheims in St. Georgen sehr spannend. Auf einmal erwachsene Menschen mit Behinderung, keine Kinder mehr, neues Personal, neue Leitung … Auch die Aufgaben des Vorstandes veränderten sich damit."

1979–2018 Erstes Wohnheim in St. Georgen

Das alte „Wegmacherhäuserl" wurde 1979 erworben. Eltern und Vereinsmitglieder halfen tatkräftig mit, das 1863 erbaute Haus umzugestalten. Das Haus mit Garten lag in einer ruhigen Wohngegend. Über die Jahre wurde es jeweils sachgerecht renoviert, zum Beispiel 2009 energetisch saniert. Es bot Raum für eine Wohngruppe mit acht Plätzen.
Nach der letzten Sanierung verfügte das Wohnheim St. Georgen über vier Einzelzimmer und zwei Doppelzimmer. Dazu kamen Wohnküche, Wohnzimmer, Bad und Toiletten, weiterhin ein Hauswirtschaftsraum, ein Dienst- und ein Nachtbereitschaftszimmer.
Der Bezug des „Wegmacherhäuserls" stellte ein ganz **wesentliches Ereignis für die gesamte weitere Entwicklung** der Lebenshilfe Traunstein dar.
Aufgrund veränderter gesetzlicher Anforderungen entschied man sich, das erste Wohnheim der Lebenshilfe Kreisvereinigung Traunstein in St. Georgen im Herbst 2018 aufzugeben.

1980 Zweites Wohnheim in Waging

Schon im Mai 1980 folgte mit der Anmietung eines Siedlungshauses in Waging (Strandbadallee) das zweite Wohnheim. Es hatte eine Wohngruppe mit elf Plätzen, davon neun Einzel- und ein Doppelzimmer. Dazu kamen die notwendigen Nebenräume, Garten, Terrasse und Parkplatz.
Bereits wenige Jahre später zeigte sich weiterer Wohnbedarf, sodass 1985 ein Umbau des Wohnheims nötig wurde. Die Bewohner verbrachten die Zeit des Umbaus in Traunreut.
Im Jahr 2020 erfolgen in Waging **Abriss und Neubau** des Wohnheims auf dem gleichen Gelände.

Vom Neubezug nach dem Umbau 1985 berichten die Erinnerungen des Bewohners Karl-Heinz Lux an die Einweihungsfeier aus dem damaligen Informationsheft „Regenbogen" (4) des Wohnstättenverbundes auf den folgenden zwei Seiten.

Unsere Einweihungsfeier

Unsere Umbau hat ungefähr 3½ Monate gedauert. In dieser Zeit haben wir in Traunreut gewohnt. Wir haben uns schon mit Sehnsucht auf Waging gefreut. Am 27. September sind wir eingezogen. Das Wohnheim ist jetzt ganz anders. Das Wohnzimmer ist ziemlich groß, wir haben einen eigenen Eßraum und eine groß Küche. Wir haben noch Tiere im Haus, 1 Katze und 1 Meerschweinchen und 1 Goldhamster und 1 Vogel. Am 11 Dezember war die Einweihungfeier. Wir haben zuerst hergerichtet: Wustplatte, Käseplatte, Brot, Gurken, Getränke. In Wohnzimmer stellen wir Stühle auf.

Wir haben den Tag freibekommen in der Werkstatt. Es kamen viele Gäste. Herr Bohtlin, Herr Heiger moser. unser Bürgermeister, und Herr Mörtl, der stellvertretende Landrat, hielten Reden.
Ein evangelischer und katholischer Pfarrer haben das neue Wohnheim geweiht. Dann waren noch eine Bauernmusik dabei. Danach der Musik wir einen Riesenschlüssel bekommen. Wir bekamen 3 Spenden. Vielen Dank!
Es war ein schöner Tag.

Lise Marie Heinz

1983 Außenwohngruppe

Menschen mit Behinderung wollen ihr Leben so selbstbestimmt wie möglich in einer Wohngemeinschaft oder einer eigenen Wohnung führen.
Diesem Grundsatz folgte bereits 1983 ein damals **neues Angebot** der Lebenshilfe Traunstein. Für eine Gruppe von zunächst vier Menschen mit geistiger Behinderung wurde in Traunreut gegenüber von Haus Pertenstein eine Wohnung von der Lebenshilfe Traunstein angemietet, die als **Außenwohngruppe** bezeichnet wurde.

Aus diesen Anfängen entwickelte sich ein **neues Wohnangebot**, das **Betreute Wohnen**. Diese Wohnform gehörte organisatorisch zum Wohnstättenverbund, in dem die verschiedenen Wohnheime damals zusammengeschlossen waren.

Mitte der achtziger Jahre wurde ein **zusätzliches Angebot** für Menschen mit geistiger Behinderung geschaffen und eine **Wohnschule** eingerichtet. Sie sollte auf den großen Sprung vom Elternhaus oder aus einer Wohngruppe im Wohnheim zum **selbstständigen Wohnen in der eigenen Wohnung** vorbereiten und ihn erleichtern. Selbstständiges Wohnen kann alleine, zu zweit oder in kleinen Wohngemeinschaften gemeinsam leben bedeuten.
Die Wohnschule fand eine Zeit lang einmal in der Woche für die Dauer eines Jahres auf Grundlage der Erwachsenenbildung statt.

Die Wohnform des Betreuten Wohnens bestand bis 2007. Danach etablierte sich das **Ambulant Betreute Wohnen**, anfangs als Ambulant unterstütztes Wohnen bezeichnet, bei dem Menschen mit Behinderung selber die Mieter sind.

1983 „Haus Pertenstein"
Erster Wohnheim-Neubau in Traunreut

Der **erste Neubau eines Wohnheims** der Lebenshilfe Traunstein war das 1983 eröffnete „Haus Pertenstein" in Traunreut. Es liegt in direkter Nachbarschaft zu den Werkstätten. Hier fanden drei Wohngruppen ihr neues Domizil.
„Haus Pertenstein" erinnert mit seinem Namen an die Anfänge der Lebenshilfe in Schloss Pertenstein.

Thomas Breu, heute Bereichsleiter der Förderstätte in Altenmarkt, beschreibt seine ersten Erfahrungen im „Haus Pertenstein" als damaliger Berufsanfänger:
„Meine größten Befürchtungen bei Arbeitsbeginn lagen allerdings nicht darin, wie ich mit den Menschen mit Behinderung zurechtkommen würde, sondern wie ich – in hauswirtschaftlichen Dingen gänzlich unerfahren – die Bewohnerinnen und Bewohner zukünftig beim Kochen, Bügeln und Putzen anleiten sollte. Im Rückblick muss ich sagen – es ging gut! Ich kann mich nur an einen ‚Ausrutscher' erinnern: In der Gruppe 3 wurde damals gerne deftig gekocht – und natürlich auch gegessen. Bei meinem zweiten Wochenend-Dienst sollte es Schweinebraten mit Semmelknödeln geben. Die Zubereitung des Knödelteigs war mir irgendwie völlig misslungen – das Ergebnis war ein riesiger Knödel in der Form des Topfes. Die Bewohnerinnen und Bewohner haben ‚es' trotzdem gegessen – und (wahrscheinlich mir zuliebe) beteuert, wie gut es schmecke!"

Das Gebäude wurde und wird vielseitig genutzt und hat im Lauf der Zeit manche Veränderung erfahren, etwa ein zusätzliches Stockwerk und einen Anbau.
Gegenwärtig bewohnen „Haus Pertenstein" Menschen mit geistigen Behinderungen und Menschen mit erworbenen Schädel-Hirn-Verletzungen in drei Wohngruppen.

„Haus Pertenstein" 1983

Eingang der Förderstätte in Pertenstein

1983–1997 Auf dem Weg zur Förderstätte
Modellgruppe in Schloss Pertenstein

Sebastian Heller, heute Fachreferent für Hospizarbeit und Betreute Wohnformen bei der Caritas, gibt den folgenden Überblick über die frühe Entwicklung hin zur Förderstätte. Deren erste Schritte hat er damals als Leiter der Außengruppe Pertenstein hautnah begleitet. Er erinnert sich:

„In der Rahmenkonzeption und in den Förderstätten-Leitsätzen des Lebenshilfe Landesverbands Bayern steht: ‚Arbeit und sinnvolle Beschäftigung sind ein wesentlicher Ausdruck des Menschseins und auf besondere Weise geeignet, Menschen mit Behinderung Bestätigung und Selbstwertgefühl zu vermitteln. Dies gilt selbstverständlich auch für Menschen mit schwerer und mehrfacher Behinderung.'

Dies war in den Gründungsjahren der Lebenshilfe Traunstein beileibe noch kein gesellschaftlich allgemein anerkannter Grundsatz. Die im August 1980 erlassene Werkstättenverordnung ‚versperrte' schwerst mehrfachbehinderten Erwachsenen den Weg in die Werkstatt für behinderte Menschen, da von Werkstattbesuchern unter anderem ein nicht näher definiertes Mindestmaß an wirtschaftlich verwertbarer Arbeitsleistung erbracht werden musste.

Somit stellte sich die Frage, wie es mit den jungen Erwachsenen weitergehen konnte, die zu der Zeit in der Lebenshilfe Tagesstätte in Pertenstein betreut wurden, aber altersbedingt nicht mehr in dieser außerschulischen Einrichtung für Kinder und Jugendliche verbleiben konnten.

Mit dem Umzug der Tagesstätte in die neu errichteten Räume in Traunreut wurde zum 1. April 1983 die **‚Außengruppe Pertenstein'** geschaffen – auch bekannt als **Modellgruppe in Schloss Pertenstein**. Die jungen Frauen und Männer mit schweren und schwersten Behinderungen wurden hier weiterhin in ihren sozialen, lebenspraktischen und insbesondere handwerklichen Fähigkeiten gefördert.

Damit war zum einen das Ziel verbunden, sie so weit zu befähigen, irgendwann die Kriterien für den Übertritt in die Werkstatt für behinderte Menschen erfüllen zu können. Zum andern sollten für diejenigen, die die Aufnahme in die Werkstatt nicht schafften, sinnvolle und individuell leistbare Arbeits- und Beschäftigungsangebote entwickelt und bereitgestellt werden.

‚Verlängertes Dach' der Werkstätten
Organisatorisch nahm die Vereinigte Behindertenwerkstätten GmbH die Außengruppe unter das sogenannte ‚verlängerte Dach' der Werkstätten für behinderte Menschen. Damit wurde die konzeptionelle Nähe zum generellen Anspruch auf soziale und berufliche Rehabilitation auch für Menschen mit schweren und mehrfachen Behinderungen betont.

Bayernweite Fachdiskussion
Die Arbeits- und Beschäftigungsangebote zielten in besonderer Weise auf die manuellen Fertigkeiten ab. So wurden Gebrauchsgegenstände aus Holz, Textilien und Bienenwachs hergestellt. Medizinische und kunsttherapeutische Begleitangebote unterstützten das Fördergeschehen.
Die Erfahrungen und Erkenntnisse, die in der Außengruppe gesammelt wurden, beeinflussten auch die mittlerweile bayernweit entfachte Fachdiskussion, welche sozial- und ordnungspolitischen Strukturen für die Förderung und Betreuung dieser Menschen gebraucht werden. Daraus entwickelte sich letztendlich der **Einrichtungstyp der Förderstätte**."

Zum 1. Januar 1989 kehrte die Außengruppe Pertenstein als „Förderstätte" organisatorisch wieder zur Lebenshilfe Traunstein zurück, verließ also das „verlängerte Dach" der Vereinigte Behindertenwerkstätten GmbH. Mit dem Neubau des Wohnheims und der Förderstätte für Menschen mit schweren und mehrfachen Behinderungen in Altenmarkt 1997 endete die langjährige Präsenz der Lebenshilfe im alten Gutshof von Schloss Perstenstein.

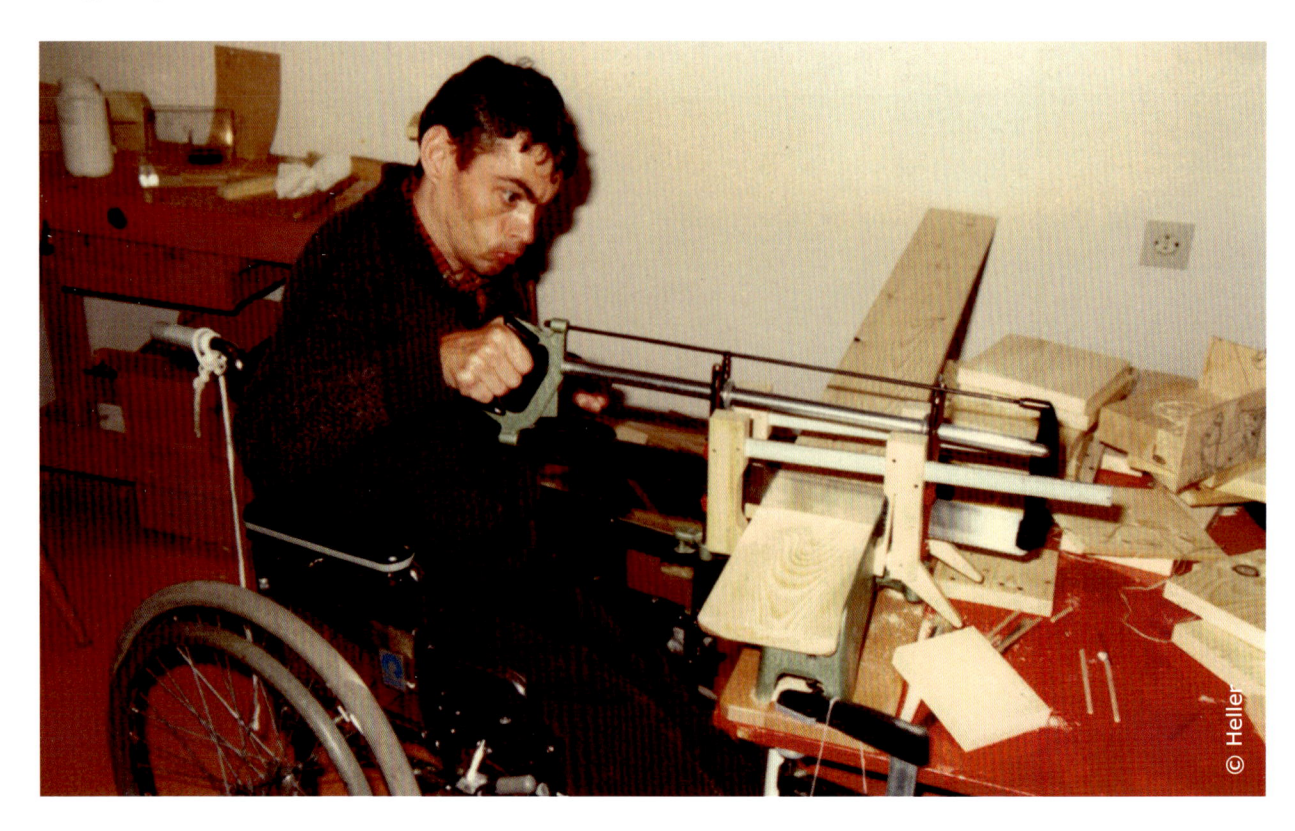

1989 Wohn- und Pflegeheim in Grabenstätt
Provisorisches Domizil im Kreisaltersheim

Die Möglichkeiten der Betreuung von Menschen mit schweren, auch mehrfachen Behinderungen wurden 1989 erweitert, indem als provisorisches Domizil das ehemalige Kreisaltersheim in Grabenstätt genutzt wurde. Damit waren eine angemessene Wohnsituation, sinnvolle Beschäftigung und ganzheitliche Förderung auch an diesem Standort gegeben.

Durch den Neubau des Wohnheims und der Förderstätte für Menschen mit schweren und mehrfachen Behinderungen in Altenmarkt 1997 konnte das Kreisaltersheim als Domizil in Grabenstätt aufgegeben werden. Die betreuten Menschen fanden ein neues Zuhause in Altenmarkt.

Klaus Sam gehörte zu den Mitarbeitern, die die Menschen in Grabenstätt betreuten. Er erinnert sich besonders gern an diese Zeit. (Siehe folgende Seiten)

Kreisaltersheim Grabenstätt

Klaus Sam

Klaus Sam ist seit 2010 in der „Offenen Behindertenarbeit", kurz OBA, der Lebenshilfe Traunstein tätig und stellt mit einem Team von fünf hauptamtlichen Mitarbeitern ein umfangreiches Angebot an Freizeitaktivitäten, Bildungsmaßnahmen und Treffs für Menschen mit Behinderung zusammen.

30 Jahre bei der Lebenshilfe
Insgesamt ist Klaus Sam bereits seit 30 Jahren in verschiedenen Aufgabenbereichen bei der Lebenshilfe tätig. Der gelernte Industriekaufmann merkte schon früh, dass er lieber mit Menschen zu tun hat, als nur am Schreibtisch zu sitzen. Er absolvierte eine zweite Ausbildung zum Heilerziehungspfleger, war bei der Caritas in München beschäftigt und kam schließlich 1989 zur Lebenshilfe.
Von der Pidinger Werkstätte wechselte er ins **Wohn- und Pflegeheim Grabenstätt** und später in die Förderstätte nach Altenmarkt. Die Zeit in Grabenstätt, wo die Betreuten mit mehrfacher Behinderung eigentlich nur provisorisch im ehemaligen Kreisaltersheim untergebracht waren und viel improvisiert werden musste, bezeichnet er als **„meine schönste Zeit"**, weil er einem „tollen Team" angehörte, das eng zusammenarbeitete und viel leistete. Mit der Gruppe mit sechs bis sieben Rollstuhlfahrern wurde damals schon viel unternommen, jedes Jahr ging es mit allen in Urlaub, das Vertrauen der Eltern wurde erarbeitet und es gab schöne gemeinsame Feiern, die zusammenschweißten. In der Zeit entstand auch die bis heute bestehende Tradition, am Nachmittag des Heiligen Abends im Kircherl in Stöttham bei Chieming gemeinsam Weihnachten zu feiern mit zahlreichen Menschen mit Behinderung, ihren Familien und anderen Besuchern, die die besondere Atmosphäre dieser Feier einfach lieben.
Nach den Jahren mit schwerst behinderten Menschen suchte Klaus Sam eine neue Aufgabe und wurde Gruppenleiter im Wohnheim in Traunstein. „Das war das krasse Gegenteil zur Gruppe, die ich bis dahin betreute. Hier waren sehr selbstständige Bewohner und ich musste mich auf komplett neue Anforderungen umstellen", erinnert er sich an diese Zeit.
Als er schließlich feststellte, „Wohnheim kann ich jetzt" und erneut eine neue Aufgabe suchte, kam er zur OBA, wo er seine vielfältigen Erfahrungen aus den vorhergehenden Beschäftigungen einbringen kann. Die OBA organisiert regelmäßige, offene Treffs, Discoabende, Faschingsfeiern, Urlaubsreisen, Sportgruppen und vieles mehr. Der Chor „Insieme" beispielsweise, mit Sängerinnen und Sängern mit und ohne Behinderung, wurde auf seine Initiative hin vor wenigen Jahren zu den Chiemgauer Kulturtagen ins Leben gerufen und findet sich immer wieder zusammen, um bei besonderen Anlässen zu singen.
Für Klaus Sam ist die Arbeit mit Menschen mit Behinderung ganz besonders, weil die Betreuten auch besonders sind: **„Sie haben eine enorme Sozialkompetenz, da könnte sich so mancher eine Scheibe abschneiden."** Sie schauen sehr aufeinander, akzeptieren jeden, wie er ist, und „sie sind so direkt, verstellen sich nicht, man weiß immer, wie man dran ist."

Arbeit nach 30 Jahren immer noch spannend und interessant
Das mache die Arbeit für ihn auch nach 30 Jahren noch spannend und interessant. In all den Jahren hat sich nach seiner Erfahrung viel im Umgang mit Menschen mit Behinderung getan, die Akzeptanz in der Gesellschaft ist besser geworden, „man wird nicht mehr ‚angeschaut', wenn man mit Menschen mit Behinderung in der Öffentlichkeit unterwegs ist; sie können heute selbstverständlicher an öffentlichen Veranstaltungen teilnehmen."

↑ HAUPTEINGANG

↑ WOHNEN

↑ INTERDISZIPLINÄRE FRÜHFÖRDERUNG

↑ KURZZEITPFLEGE / FAMILIENENTLASTENDER DIENST

↑ REGIONALE OFFENE BEHINDERTENARBEIT

→ LEITUNG WOHNEN TAGESSTRUKTUR SENIOREN

→ WOHNHEIM FÜR SENIOREN ZUFAHRT ÜBER PALLINGER STRASSE

1984–1989 „Regenbogen"

Von 1984 bis 1989 erschienen insgesamt elf Ausgaben der Zeitschrift „Regenbogen". Das Besondere daran: Die Artikel und Beiträge stammten zum überwiegenden Teil von Bewohnerinnen und Bewohnern der verschiedenen Wohnheime. Dies trifft auch für das grafische Layout zu, welches damals noch ohne PC in „Handarbeit" erstellt wurde. Mit dem Namen „Regenbogen" sollte ein Verbindungsbogen zwischen den Bewohnern der Wohnheime und den Einwohnern der Orte geschlagen werden, an denen sich Einrichtungen der Lebenshilfe befinden.

Die Texte stammen vom Dezember 1987.

2.12.1987

Ich möcht Euch meine Beiden Wellensittich vorstellen der blaue ist ein Männchen. Das Weibchen ist gelb und grön. Sie heißt Schnell. Wichten under heißt Pikksi Plamberger

Bericht über die Freizeit in Weißenstadt

Am 23.6.1987 sind wir in der Früh von der WfB weggefahren und waren gegen 14:00 Uhr im "Waldheim". Die Fahrt war sehr lustig; ein paar Pausen haben wir auch gemacht.
Als erstes haben wir die Zimmer ausgesucht und die Koffer ausgepackt.
Kaum daß wir fertig waren, sind wir bis zum Abendbrot noch draußen gewesen.
Das Wetter war meistens gut, wir haben nur wenig Regen gehabt.
Wir haben mehrere Ausflüge gemacht: Eisenbahn angeschaut, im Märchenpark waren wir. Nachmittags waren wir auch im Zirkus - es war ganz toll!
Wir waren einmal in einer Behindertenwerkstatt, in der ungefähr 150 Leute arbeiten. Sie machten Schuhe und Igel aus Holz, eine große Schreinerei und eine Schlosserei gab es auch. Die Werkstatt ist viel größer als unsere.
Am Dienstagabend haben wir gegrillt, Würstchen und Fleisch gab es. Es war sehr lecker.
Hans Dupler hat alles gefilmt, auch den Bus, man kann es am Fernsehen anschließen und dann anschauen.
Eine große Wanderung haben wir am Mittwochabend gemacht. Wir sind 2 Std. zu Fuß gegangen, nach Eisenstadt hinein. Hin und zurück zu Fuß.
Am Donnerstag haben wir zum letzten Mal gegrillt und mit allen, die "Hans" heißen Namenstag gefeiert.
Elfriede Plamberger hat an diesem Abend eine Zecke in die Schulter bekommen. Das war scheußlich!
Am Freitag nach dem Frühstück sind wir heimgefahren. Unterwegs sind wir noch zum Kaffeetrinken eingekehrt.
Alle 24 Leute waren mit dieser Freizeit zufrieden; es war eine schöne Woche.

Elfriede Plamberger
Adolf Beham

> Behinderte Menschen im Alttag
>
> Behinderte Menschen in Alttag stellen den grauen Alttag auf der Schatten des Lebens werden von Öffenlichkeit nicht beachtet trotz welche Behindertrung sie haben. Haben weder noch Freunde sie bleiben zweiter Klasse.
> Die Lebenshilfe möchte jeden die Schanze geben, daß die Behinderten in Arbeit und Brotverdienst stehen, denn in der freien Wirtschaft kann man sie nicht unterbringen.
> Oft bleiben sie bei den Eltern. Wenn die Eltern zu alt geworden sind, kann der Behinderte im Wohnheim untergebracht werden. Dort müssen sie sich mit anderen Menschen eingewöhnen Dort, in der Werkstatt, arbeiten sie bis zur Rente, andere bleiben bis zum Tode bei Ihren Eltern.
>
> Alexander Karl Hein

„Behinderte Menschen im Alttag" stammt von Karl-Heinz Alexander und erschien in der Ausgabe 10 im November 1988.

Neue Wege zu einem selbstständigen Leben

Neue Wege zu einem selbstständigen Leben	65
1985 „Johanneshof" in Großornach	66
1987 Offene Hilfen	68
1991 Frühförderung	72
1992 Wohnen in Seeon	74
1992 Gärtnerei in Großornach	75
Gertrud Maier	76
1995 Kurzzeitpflege	81
Christian Pelz	83
1997 Wohnheim und Förderstätte Altenmarkt	85
Günther Kölbl	93
Freizeit und Sport	94
1998 Lebenshilfe *produktiv*	98
1999 Wohnheim Traunstein	99
1999 Lebenshilfe-Laden	100
Hannelore Weber	102
Fritz Perschl	103
Werner Lamminger	104

Neue Wege zu einem selbstständigen Leben

Wege entstehen, indem man sie geht – diese allbekannte Wahrheit kennzeichnet treffend die nächsten zweimal sieben Jahre der Geschichte der Lebenshilfe Kreisvereinigung Traunstein.

Zwischen 1985 und 1999 entfaltete sich mit Frühförderung, Kurzzeitpflege, Gärtnerei, weiteren Wohnheimen und Lebenshilfe-Laden ein breites Spektrum neuer Hilfen und zunächst ungewohnter Wege für Menschen mit geistiger Behinderung.

Die Lebenshilfe Traunstein hatte sich erfolgreich als Einrichtung etabliert, von der die Menschen im Landkreis wussten, dass sie sich zuverlässig der Aufgabe widmete, Menschen mit geistiger Behinderung und ihren Familien zur Seite zu stehen.

In der Gesellschaft wuchs allmählich die Bereitschaft, für Menschen mit geistiger Behinderung offener zu sein, ihnen selbstverständlicher zu begegnen.

Die Lebenshilfe Traunstein verwirklichte zunehmend den Anspruch, Menschen mit geistiger Behinderung nicht nur grundsätzlich in ihren existenziellen Bedürfnissen zu versorgen sowie die Eltern zu entlasten, sondern den betreuten Menschen ihr jeweils ganz individuelles Leben in allen Bereichen zu ermöglichen, die für Menschen überhaupt wichtig sind.

1985 „Johanneshof" in Großornach
Leben und Arbeiten auf dem Lande

Peter Glückhardt, der erste Hausvater des Johanneshofs, erinnert sich: „In Großornach bei Obing erwarb die Lebenshilfe 1985 den ‚Lehnhof', den zuvor der Töpfer und Bildhauer Werner Lehn für Gäste hatte ausbauen lassen. Der besondere Charakter bestand hier für die Bewohner in der Möglichkeit, auf 8000 qm mit alten Obstbäumen unter dem Motto ‚Leben und Arbeiten auf dem Lande' zu leben. Auch der ausgebaute Gewölbesaal eignete sich gut für interne und gesellschaftliche Veranstaltungen. Eine große, vielbeachtete Kunstausstellung mit Werken von zehn Obinger Künstlern wurde in Gewölbesaal und Scheune gezeigt. Hans Thurner, er war Bauer, Bildhauer und Bürgermeister von Obing, und Helmut Günter Lehmann gehörten dazu. Auch schöne Feste mit Musik und Tanz wurden dank der guten Resonanz der Nachbarn, der Vereine und Musikgruppen mit vielen Besuchern durchgeführt. Nach anthroposophischem Vorbild sollten Hauseltern für die Betreuung der zukünftigen Bewohner sorgen, Obst und Gemüse zur Selbstversorgung angebaut und in der Freizeit mehr kreativ handwerkliche Tätigkeiten wie Wollverarbeitung, Weben und Töpfern gelebt werden.

Im September 1985 zogen zuerst die Hauseltern Edda und Peter Glückhardt mit ihren Kindern und nach und nach die neuen Bewohner in den Johanneshof ein. Dann wurde der Außenbereich bewirtschaftet: Der Garten wurde gestaltet, Ställe wurden miteinander gebaut und Hühner, Enten, Schafe, Meerschweinchen und eine Ziege angeschafft. In der Anfangsphase im Sommer stellten die Werkstätten der Lebenshilfe Traunstein, wo die Bewohnerinnen und Bewohner des Johanneshofs arbeiteten, sie jeweils an einem Tag der Woche als Gärtner frei. So entstanden die ersten Gemüsebeete. Dazu kamen die Pflege der Wiesen und das Heuen für den Winter. In der Folge ergab sich die Frage bewussteren Lebens nicht nur bei der Versorgung der Hühner, Enten und Schafe. Sie stellte sich besonders auch im Zusammenhang mit dem Schlachten von Tieren und dem Verzehren von Fleisch und Wurst. An einem Heiligabend saßen die Bewohner, die nicht in den Weihnachtsferien bei Angehörigen waren, mit der Hauselternfamilie beim Festessen im Gewölbesaal. Es gab viel Gemüse, Knödel und eine Ente – zu Lebzeiten hieß sie ‚Charly' und war noch nicht zerteilt. – Oje, da hatte niemand Appetit drauf …

Insgesamt war es eine wunderbare Erfahrung, in den Garten zu gehen, um zu schauen, was denn zum Ernten fertig sei und den Speiseplan dementsprechend zu gestalten. Selbstgemachtes Apfelmus und Beerenmarmelade ergänzten unsere Vorräte für den Winter. Bis zu 600 Liter Apfelsaft wurden im Herbst gepresst. In der Freizeit wurde zudem die Wolle der Schafe gesponnen und verarbeitet. Die Bewohnerinnen und Bewohner fertigten Flickerlteppiche auf einem Webstuhl aus dem 16. Jahrhundert, malten, schufen Skulpturen und gestalteten das ganze Haus."

Zweite Wohngruppe
1989 wurde die Scheune abgerissen und für eine zweite Wohngruppe neu aufgebaut. Diese zweite Wohngruppe war als gemischte Gruppe geplant, um auch Menschen mit Rollstuhl oder Gehbehinderung ein Leben auf dem Lande zu ermöglichen.
Im Untergeschoss entstanden Räumlichkeiten für die Mitarbeiter im Gartenbereich und für kreative Tätigkeiten. Später übernahm die Gartengruppe der Werkstätten, die noch heute die Ländereien von Großornach bewirtschaftet, die Räumlichkeiten.

Der Name **„Johanneshof"** erinnert daran, dass die **Johannes-Heidenhain-Stiftung** dieses Projekt des Lebens und Arbeitens auf dem Lande großzügig unterstützte.

1987 Offene Hilfen
Familienentlastender Dienst – Offene Behindertenarbeit – Beratung

Margot Zimmermann, Bereichsleiterin der **Offenen Hilfen** von 1987 bis 2018, erinnert sich: „Während meines Sabbatjahres hat mich Josef Binder, der spätere Geschäftsführer, angerufen und gefragt, ob ich einen neuen Bereich aufbauen möchte und zwar die Offenen Hilfen. Es war damals Hilde Lebacher für ein paar Stunden für die erste Familienbetreuung angestellt, aber es fehlte jemand, der die Organisation übernahm. Aufgrund meiner Einstellung 1987 bewarben wir uns beim zuständigen Bayerischen Staatsministerium als Modelleinrichtung für Offene Hilfen mit Familienentlastendem Dienst (FeD), Offener Behindertenarbeit (OBA) und Beratung. Wir wurden als einer von drei Bewerbern ausgewählt und bekamen dadurch finanzielle Unterstützung."

Familienentlastender Dienst
Seit Mitte der 1980er-Jahre hatte der Verein Lebenshilfe Traunstein bereits den **Familienentlastenden Dienst** eingerichtet, als neues Angebot für Familien mit behinderten Kindern über drei Jahren. Das geschah anfänglich ohne gesicherte Finanzierung – hauptsächlich durch ambulante Unterstützung in den Familien selbst. An den Wochenenden war auch die Begleitung in den Räumen der neuen Tagesstätte im „Haus Pertenstein" in Traunreut möglich. Inzwischen hat sich der Familienentlastende Dienst längst etabliert und als unverzichtbar erwiesen. Margot Zimmermann führt dazu aus: „In all den Jahren ist der Familienentlastende Dienst von 1000 Stunden im Jahr auf 20.000 Stunden angewachsen, von einer betreuten Familie auf aktuell 125 Familien."
Übrigens war der Familienentlastende Dienst der Lebenshilfe Traunstein **bayernweit der erste seiner Art**.

Offene Behindertenarbeit
Die Offene Behindertenarbeit, kurz **OBA**, wurde von Anfang an von den Menschen mit Behinderung, ihren Eltern und Angehörigen angenommen und wuchs kontinuierlich jedes Jahr. Im Mittelpunkt aller Leistungen der Offenen Behindertenarbeit stehen der Mensch mit Behinderung und seine Angehörigen. Inzwischen richtet sich das Angebot an Menschen mit geistigen und/oder körperlichen Behinderungen sowie sinnesbehinderte und chronisch kranke Menschen jeden Alters im Landkreis Traunstein. Förderung von Integration und Inklusion, gleichberechtigte Teilhabe am Leben in der Gemeinschaft zu ermöglichen sowie ein weitgehend selbstständiges, eigenverantwortliches Leben der Menschen mit Behinderung und die Entlastung von Angehörigen und Bezugspersonen sind die Ziele der Offenen Behindertenarbeit.

Beratung
Als dritte Säule ambulanter Betreuungsmöglichkeiten hat sich seit 1987 die Beratung für Menschen mit Behinderung, deren Familien und Angehörige etabliert. Eltern und Angehörige stehen oft vor einer Fülle von Problemen, die sie nur schwer alleine bewältigen können. Die Aufgabe der **Beratungsstelle** ist es, in Form von individueller Beratung, bezogen auf die jeweils aktuelle Lebenssituation, Hilfe und Unterstützung anzubieten. Die Beratung umfasst alle Bereiche im Zusammenhang mit einer Behinderung bis hin zur Unterstützung in sozialrechtlichen Belangen.
Auch Menschen mit Behinderung selbst können selbstverständlich die Beratungsangebote wahrnehmen. Information, Hilfe bei Entscheidungen ganz nach den jeweiligen Möglichkeiten und geeignete Beratungskonzepte in leicht verständlicher Form stehen zur Verfügung.

Christian Pelz
wurde bereits Anfang der achtziger Jahre vom Familienentlastenden Dienst betreut.
Seine Lebensgeschichte findet sich Seite 83.

Weitere Entwicklung der Offenen Hilfen

Gehörten im Jahr 1987 der Familienentlastende Dienst, die Offene Behindertenarbeit und die Beratung zu den Angeboten der **Offenen Hilfen**, veränderten sich im Laufe der Zeit die Angebote.

1995 wurden die damals bestehenden Dienste der Offenen Hilfen organisatorisch neu gefasst. Es kamen die **Frühförderung** (später als Interdisziplinäre Frühförderung bezeichnet) und die **Kurzzeitpflege** dazu. Danach wurden als weitere Bereiche die **Tagesstruktur für Senioren** (TANGO) und das **Ambulant Unterstützte Wohnen** eingerichtet. Aufgrund großer Nachfrage sind die beiden letztgenannten mittlerweile eigenständige Bereiche.

Offene Hilfen 2019

Die Basis der Offenen Hilfen bildeten 1987 der Familienentlastende Dienst (FeD), die Offene Behindertenarbeit (OBA) und die Beratung. Heute werden sie unter dem Begriff ROBA – Regionale Offene Behindertenarbeit – zusammengefasst.

Zu dem Gesamtbereich der Offenen Hilfen gehören heute die Kurzzeitpflege, die Interdisziplinäre Frühförderung und gesetzlich vorgeschriebene Beratungseinsätze der Pflegekassen.

Die Beratung, nicht zu verwechseln mit den Beratungseinsätzen, macht ein kostenloses und trägerneutrales Beratungsangebot ohne Gewähr und steht mit Rat und Tat telefonisch, schriftlich oder persönlich zur Verfügung.

Offene Hilfen als Herzstück der Lebenshilfe

Die Angebote der Offenen Hilfen sind im ganzen Landkreis und darüber hinaus sehr begehrt. Das zeigt überaus deutlich, dass die ambulanten Bereiche ein Herzstück der Lebenshilfe sind. In Zukunft werden sie mit Sicherheit noch weiter an Bedeutung gewinnen.

Radltour mit der OBA

Frühförderung

Kurzzeitpflege

Beratungseinsätze

Offene Hilfen

ROBA
FeD – OBA – Beratung

1991 Frühförderung

Die medizinische Frühförderung innerhalb der Lebenshilfe Traunstein begann 1991 in den Kellerräumen von „Haus Pertenstein" in Traunreut. Eine Logopädin, eine Krankengymnastin und eine Ergotherapeutin arbeiteten Hand in Hand. Die angestrebte ganzheitliche Förderung der Kinder führte in den folgenden Jahren dazu, dass zu dieser medizinisch-therapeutischen die heilpädagogische Frühförderung mit pädagogisch-psychologischem Schwerpunkt hinzukam. Hierbei arbeitete die Lebenshilfe mit der Diakonie Traunstein eng zusammen. Insgesamt etablierte sich so allmählich die Interdisziplinäre Frühförderung.

Interdisziplinäre Frühförderung
Diese Interdisziplinäre Frühförderung hat zum Ziel, die Entwicklung des Kindes ab dem Säuglingsalter zu unterstützen und die Eltern in ihrer Kompetenz zu stärken.
Ein wichtiger Aspekt dabei liegt in der partnerschaftlichen Zusammenarbeit der Frühförderung mit den Familienangehörigen. Das Angebot erstreckt sich auf eine individuelle, ganzheitliche und kindgerechte Entwicklungsförderung und Therapie in spielerischer Form, Beratung in Entwicklungs- und Erziehungsfragen, Information und Unterstützung im Hinblick auf Kindergarten und Schule sowie Unterstützung und Begleitung in kritischen Lebenssituationen. Das interdisziplinäre Team arbeitet eng mit Arztpraxen, Schulen, Kindergärten und dem Sozialpädiatrischen Zentrum Traunstein zusammen.

2001 Umzug von Traunreut nach Altenmarkt
Prävention wurde zunehmend als wichtig erkannt. Als Konsequenz erweiterte die Lebenshilfe ihr Angebot in diesem Bereich und zog 2001 von Traunreut nach Altenmarkt. Dort standen größere und hellere Räume zur Verfügung.

Bewegungsraum der Frühförderung in Altenmarkt

**Eine Arbeit der Kinder
der Interdisziplinären Frühförderung**

2018 Umzug von Altenmarkt nach Traunreut
Aufgrund verschiedener Neuerungen bei der Lebenshilfe wurde das Obergeschoss im „Haus Pertenstein" in Traunreut frei. So kehrte die Frühförderung nach 17 Jahren wieder zurück an ihren Ursprungsort nach Traunreut.

Die Räumlichkeiten der ehemaligen Verwaltung bieten ideale Voraussetzungen für die Frühförderung. Neben kleinen und großen Behandlungsräumen gibt es auch einen Aufzug, damit Barrierefreiheit gewährleistet ist.

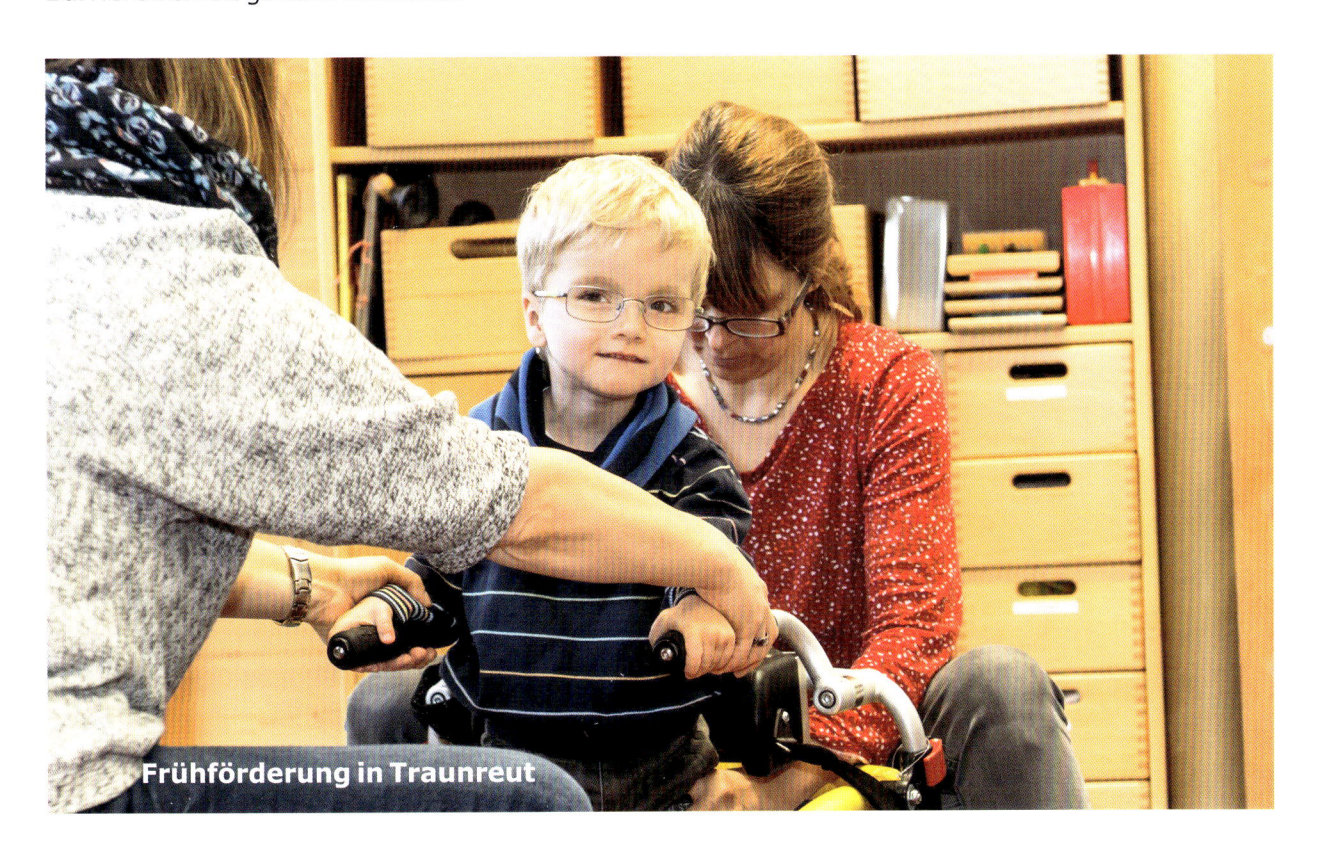

Frühförderung in Traunreut

1992 Wohnen in Seeon
Wohnheim in der Werlinstraße

Um der großen Nachfrage an Wohnplätzen gerecht zu werden, wurde im Jahr 1992 ein weiteres Wohnheim in Seeon eröffnet. Das Haus mit Garten und Terrasse liegt ebenso wie die Wohnheime St. Georgen, Waging und Großornach in ländlicher Umgebung.

Das Wohnheim bietet Platz für 18 Bewohnerinnen und Bewohner, aufgeteilt in zwei Gruppen zu acht und zehn Personen. Es gibt Einzel- und Doppelzimmer. Dazu kommen weitere Räume wie Wohnzimmer, Esszimmer, Küche, Bad und WCs.

Von Anfang an verfolgte die Lebenshilfe konsequent ihr Konzept, Wohnheime an verschiedenen Standorten im Landkreis zu etablieren. Damit wird sichergestellt, dass die Menschen mit Beeinträchtigungen, die in den Wohnheimen leben, leichter am Geschehen vor Ort teilnehmen können.

Lange bevor Integration bzw. Inklusion als Ziele für das Einbeziehen der Menschen mit Behinderung in die Gesellschaft formuliert wurden, hat die Lebenshilfe Traunstein durch die Schaffung kleiner Wohneinheiten im Landkreis die Teilnahme am gesellschaftlichen Leben in der Region erleichtert.

Übrigens wurden später auch Räumlichkeiten des Wohnheims in der Werlinstraße genutzt, um eine Gruppe von Menschen mit schweren und mehrfachen Behinderungen der Förderstätte in Altenmarkt regelmäßig therapeutisch zu versorgen. Mit der Erweiterung der Förderstätte Altenmarkt 2004 war das nicht mehr erforderlich.

15 Jahre Wohnheim Seeon Werlinstraße

1992 Gärtnerei in Großornach

Seit Mitte der achtziger Jahre konnten die Bewohnerinnen und Bewohner im Johanneshof in Großornach unter dem Motto „Leben und Arbeiten auf dem Lande" Gartenbau betreiben und Tiere halten. Im Laufe des Jahres 1992 entwickelte sich aus diesen Anfängen die Gärtnerei Großornach, die unter der Regie der Vereinigten Behindertenwerkstätten GmbH (später Chiemgau-Lebenshilfe-Werkstätten) betrieben wurde. In den folgenden Jahren bemühte sich die Gärtnerei, ihren Betrieb immer rentabler zu machen.

Die nächste große Veränderung stand mit der Umstellung zur **Bioland-Gärtnerei** im Jahr **2000** an. Seitdem widmet sich hier seit vielen Jahren ein Team aus fachkundigen Betreuern und Menschen mit Behinderung der Produktion von gesundem und schmackhaftem Bio-Gemüse.
Auf circa 4 ha Freiland- und knapp 1000 m² Gewächshausfläche wachsen verschiedene Saisongemüse und viele andere Kulturen.

Der Anbau erfolgt ohne synthetische Düngemittel und chemische Pflanzenschutzmittel. Die Gärtnerei bietet ab Hof außerdem je nach Saison kräftige Gemüsejungpflanzen sowie verschiedene Kräuter für Privatkunden an.
Nicht zuletzt liefert die Bioland-Gärtnerei Großornach ihre Erzeugnisse auch für die Chiemgau-Kiste (ChiKi).

Bioland-Gärtnerei Großornach

Gertrud Maier

Gertrud Maier (1975–1995) war ein an Progerie (vorzeitiger Alterungsprozess) erkranktes Mädchen. Sie hat trotz ihrer schweren Behinderung ihr Talent als Malerin auf beeindruckende Weise ausleben können. Erika Lüttge hat während ihrer zwölfjährigen Arbeit in verschiedenen Gruppen der Lebenshilfe in Traunreut Gertrud Maier eine Zeitlang begleitet. Als Dokument der gemeinsamen Arbeit wurde 1994 ein Text-Bild-Band veröffentlicht: „Guckloch in die Tiefe: Erlebnisse mit eingeschränkt fähigen, mit Behinderungen lebenden Menschen."
Erika Lüttge gab darin einen Einblick in das Leben von Gertrud Maier:

„Durch ihr Grundleiden ist bei Gertrud keine fortlaufende Entwicklung möglich. Sie ist ganz klein und mager. Sie kann ihre Beine zum Stehen und Gehen nicht gebrauchen, aber ihr Wille, an allem Erreichbaren teilzunehmen, ist sehr groß. Das Hauptfundament, worauf sich alles für Gertrud aufbaut, ist ihr selbstverständliches Angenommensein im Kreise von Eltern und Geschwistern. Die Einsicht der Eltern, dass Gertrud auch in anderen Kreisen zurecht kommen sollte, führte zu ihrer Eingliederung in der Tagesstätte der Lebenshilfe in Traunreut. Durch elf Jahre hindurch wurde aus dem ganz und gar hilflosen Kleinkind Schrittchen für Schrittchen ein aktiver, strahlender Mensch. Gertrud wurde dazu angehalten, sich umzuschauen und mit Fingerfarben und Buntstiften darzustellen, was sie sah und erlebte. Lesen und Schreiben wurden in Privatunterricht erlernt. Später kamen neue Angebote auf verschiedenen Wissensgebieten dazu und die Aufforderung, anhand eines sehr guten Aquarellmalkastens die unendliche Vielfalt der feinen Abstufung der Farben zu erforschen und zu erproben. Dadurch wurde Gertrud in die Lage versetzt, gehörte Texte spontan und vollkommen selbstständig in Bilder umzusetzen. Und dabei wurde sichtbar, wie lebendig ihre Verbundenheit zu den tiefen Grundfragen menschlichen Lebens ist. Obgleich sie inzwischen zwölf Jahre alt war, hatte sie keinerlei Hemmungen, Menschen so darzustellen, wie es sonst ein fünfjähriges Kind tut. So kamen die beigefügten Märchenbilder zustande." (Erika Lüttge/Gertrud Maier, *Guckloch in die Tiefe*. Trostberg, 1994.)

Das Foto zeigt Erika Lüttge, Gertrud Maier und Helmut Pitzler vom *Trostberger Tagblatt* anlässlich der Veröffentlichung von *Guckloch in die Tiefe* 1994.

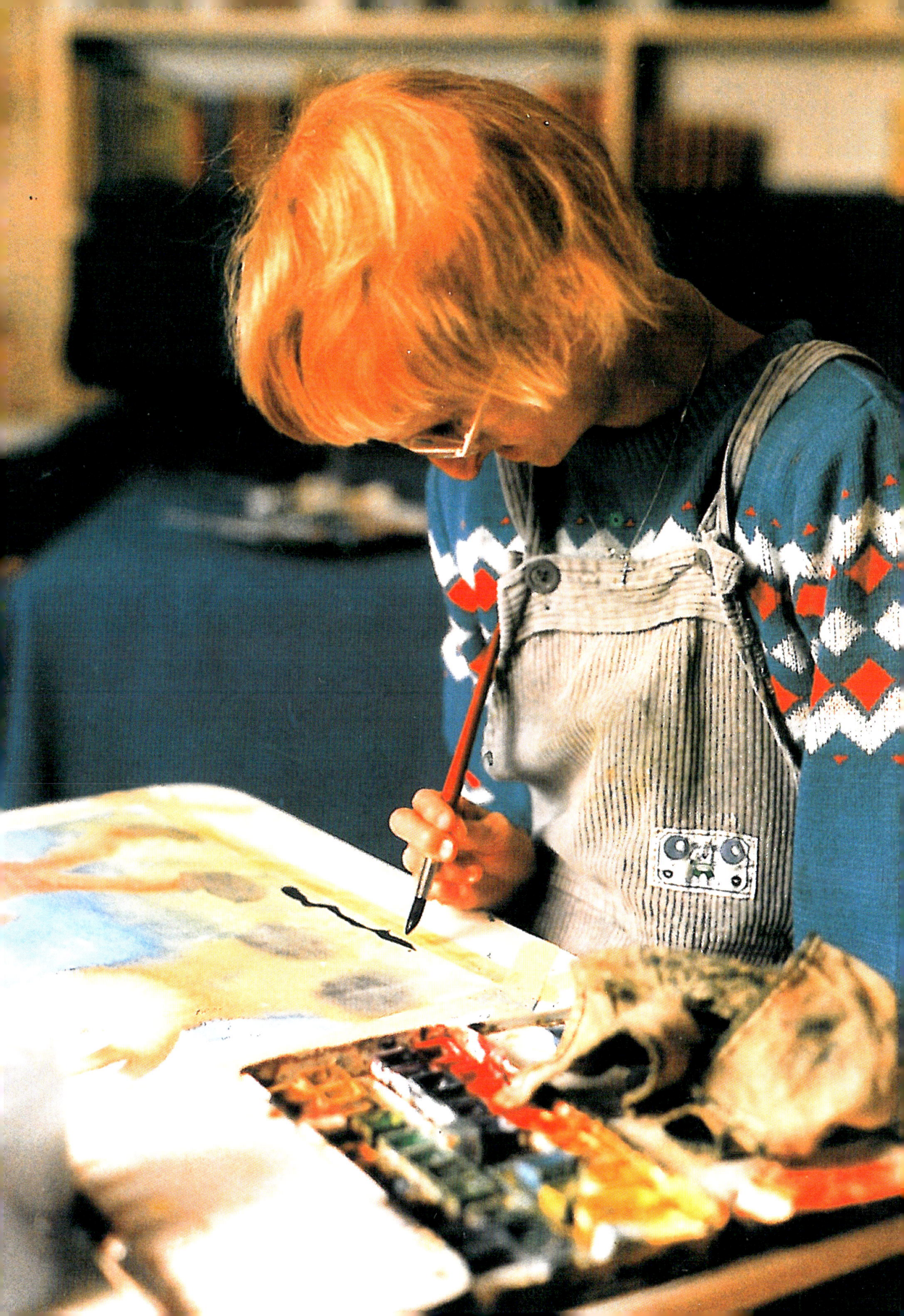

Bilder, die aus dem Innern kommen
Bildband *Guckloch in die Tiefe* von Gertrud Maier und Erika Lüttge vorgestellt

Sieben Jahre liegt es nun zurück, dass Gertrud Maier zum ersten Mal in ihrem Leben ein Märchen hörte. Die damals Zwölfjährige, die im Bereich der Fördergruppe des Vereins Lebenshilfe für geistig Behinderte e.V., Kreisgruppe Traunstein, betreut wird, schuf daraufhin ihr erstes Aquarell. In der Folge entstand jede Woche ein weiteres, empfunden aus verschiedenen Märchen der Gebrüder Grimm. Diese wurden nun zu einem beeindruckenden Bildband *Guckloch in die Tiefe* zusammengestellt und vom Druck- und Verlagshaus Alois Erdl KG in Trostberg anlässlich des Jubiläums „125 Jahre *Trostberger Tagblatt*" herausgegeben und maßgeblich gefördert. Der in Deutsch und Englisch abgefasste Band ist ab heute in der verlagseigenen und anderen Buchhandlungen sowie bei allen Einrichtungen der Lebenshilfe zu einem Preis von 29,80 Mark zu erhalten.

„Dieses Buch soll allen, die mit Behinderungen leben oder mit anderen Probleme beladen sind, Freude bereiten", war der Wunsch, den Erika Lüttge, die Autorin der begleitenden Texte, bei der offiziellen Präsentation am gestrigen Mittwoch im Trostberger Verlagshaus aussprach. Dass ein Band entstanden ist, der viel an Lebensfreude beinhaltet, der aber auch geeignet ist, anderen diese Freude zu vermitteln, das wurde in den Ansprachen deutlich, die das Werk würdigten, aber auch alle, die sich um dessen Entstehen bemüht haben.

Herausgeber und Geschäftsführer Wigbert H. Schacht machte deutlich, dass man sich in der Verlagsspitze einig war, das 125-jährige Bestehen der Lokalzeitung nicht mit einem großen Festakt zu begehen, sondern das dazu notwendige Geld zu verwenden, um „etwas Aktives, Positives" zu tun.

Gertrud Maier in der Tagesstätte in Pertenstein

Über eine Reihe von Umwegen seien die Bilder von Gertrud Maier und die begleitenden Texte auf seinem Schreibtisch gelandet. Und er, Schacht, sei auf Anhieb tief beeindruckt gewesen. Er verschwieg nicht, dass die im Haus Beteiligten – insbesondere nannte Wigbert H. Schacht Verkaufsleiter Helmut Pitzler und Gerhart Leukert für die Technik – „bei diesem Projekt weit mehr getan haben, als für ein normales Verlagsobjekt nötig und möglich gewesen wäre". Dass das *Guckloch in die Tiefe* quasi Helmut Pitzlers „Baby" ist, „so liebevoll hat er sich gekümmert", ließ der Herausgeber nicht unerwähnt.

Drei Dinge waren die Voraussetzung, dass dieses Werk entstehen konnte, merkte Helmut Pitzler an. Zunächst einmal Gertrud Maiers Talent, dann das Engagement von Martina Eckhardt-Wendel, die sie über zehn Jahre hinweg intensiv betreute und sie in die Lage versetzte, ihre Eindrücke im Bild zu Papier zu bringen, und dann Frau Erika Lüttge, die nicht nur die begleitenden Texte geschrieben hat, sondern auch noch andere Eindrücke aus ihrer früheren Arbeit in Bethel wiedergibt, die immer wieder deutlich machen, dass viele eingeschränkt fähige Menschen eben auch ganz besondere Fähigkeiten haben.

Erika Lüttge blätterte in der Entstehungsgeschichte des Bandes. Innerhalb der Lebenshilfe habe die Vorstandschaft schon vor fünf Jahren den Beschluss gefasst, „das muss veröffentlicht werden, denn es gibt so viele Menschen, die mit Problemen beladen sind, die aus diesem Werk neuen Mut schöpfen können." Doch dann begann eine Odyssee zu den verschiedensten Fachverlagen, die allesamt zwar die Idee lobten, sich aber nicht zur Ausführung entschließen konnten. Und wie im Märchen sei man dann auf Umwegen gerade zum rechten Zeitpunkt zum *Trostberger Tagblatt* gekommen, habe dort offene Ohren und Türen gefunden und dann habe sich bewahrheitet, was Gertrud Maier schon lange vorher mit einem „Gott wird´s schon richten" vorausgeahnt hatte. „Nun können wir dieses Buch in alle Welt schicken und damit helfen, Traurigen eine Freude zu machen. Ganz wie im Märchen."

Für die Lebenshilfe und ihre Grundidee sei es insgesamt von größter Bedeutung, „dass wir so etwas schaffen konnten", bestätigte Kreisvorsitzender Peter Bantlin, „denn das hat Wirkung auf Dauer." Er stellte nicht nur Gertrud Maier heraus, die ihre Bilder „aus der Tiefe der Seele geschöpft hat", sondern auch deren Eltern und deren Schwester Maria, „denn die Familie ist die Basis aller Arbeit mit eingeschränkt fähigen Menschen."

Der 96 Seiten umfassende Bildband, der sicher auch eine gute Visitenkarte für das Druckhaus und die Reproanstalt ist, basiert auf breitgefächerten Vorbereitungen vonseiten der Lebenshilfe. Dass er entstehen konnte, ist insbesondere auch der VIAG AG, Muttergesellschaft der SKW Trostberg AG, und deren Vorstandsvorsitzendem Dr. Alfred Pfeiffer zu verdanken, der einen namhaften Betrag zur Verfügung stellte.

Der Band kann viel Gutes vermitteln, kann Freude bereiten, gerade auch jenen, die nicht auf der Sonnenseite des Lebens sind. Er lässt aber auch „eine Verbindung zum Grund des Seins aufleuchten und macht deutlich, wie die zentralen Werte allen Menschen gleichermaßen zugeteilt sind", wie Erika Lüttge in ihrer Einführung schreibt.

Vorstehenden Bericht veröffentlichte das *Trostberger Tagblatt* 1994 anlässlich der Präsentation des Bildbandes *Guckloch in die Tiefe* mit den Bildern von Gertrud Maier.

Da schüttelte es den Baum, dass die Äpfel fielen ...

„Kikeriki! Goldmarie ist wieder hie!" ...

Es schüttelte ihr das Bett auf, dass die Federn wie Schneeflocken flogen ...

Der Apfel sah schön aus, dass jeder Lust danach bekam ...

*Gottes Segen wünscht
Gertrud*

1995 Kurzzeitpflege

In die Kurzzeitpflege kommen Gäste, deren Pflegepersonen zeitweise ausfallen, zum Beispiel weil sie Urlaub machen, krank sind oder eine vorübergehende Entlastung von der Pflegetätigkeit brauchen.
Bereits Anfang der 1990er-Jahre hatte der Familienentlastende Dienst im Haus Pertenstein in Traunreut Betreuung mit Übernachtungsmöglichkeit angeboten und damit einem Wunsch vieler Eltern entsprochen.

Zu den Anfängen merkt Margot Zimmermann Folgendes an:
„Zu dieser Zeit gab es vergleichsweise noch keine Erfahrung und auch keine Einrichtung. Zufällig war aber im ‚Haus Pertenstein' die für den Hausmeister geplante Wohnung mit zwei Zimmern, Küche und Bad frei. Damit war der Startschuss für unsere erste kleine Kurzzeitbetreuung gegeben.
Dieses Angebot wurde von Anfang an sehr gut angenommen, auch weil mich viele Eltern von der Tagesstätte kannten. Die Betreuungen fanden hauptsächlich am Wochenende statt und die Wohnung war fast immer ausgebucht.
Seit 1995 werden die ehemaligen Räume der Förderstätte im Erdgeschoss im ‚Haus Pertenstein' mit neun Zimmern für die Kurzzeitpflege genutzt.

So beliebt die Kurzzeitpflege bei den Eltern war, so aufwendig waren die Organisation und die Gewinnung von Mitarbeitern. Die Dienstzeiten sind hauptsächlich am Wochenende und in den Ferien, jedes Wochenende gibt es wechselnde Gäste, auf die man sich einlassen muss, von Kindern über Erwachsene bis Senioren. Beim ersten Mal kennt man den Gast noch nicht und fragt sich, wie er sich verhält, das erste Mal über Nacht von zu Hause weg usw. Der Belegungsplan ist wie in einem Hotel aufgebaut: Wer schläft wann, wo und wie in welchem Zimmer, wird ein Einzelzimmer benötigt, welche Bedürfnisse bringt jeder Gast mit? In der Kurzzeitpflege zu arbeiten ist völlig anders als die Arbeit im Wohnheim, wo immer die gleichen Bewohner anwesend sind."

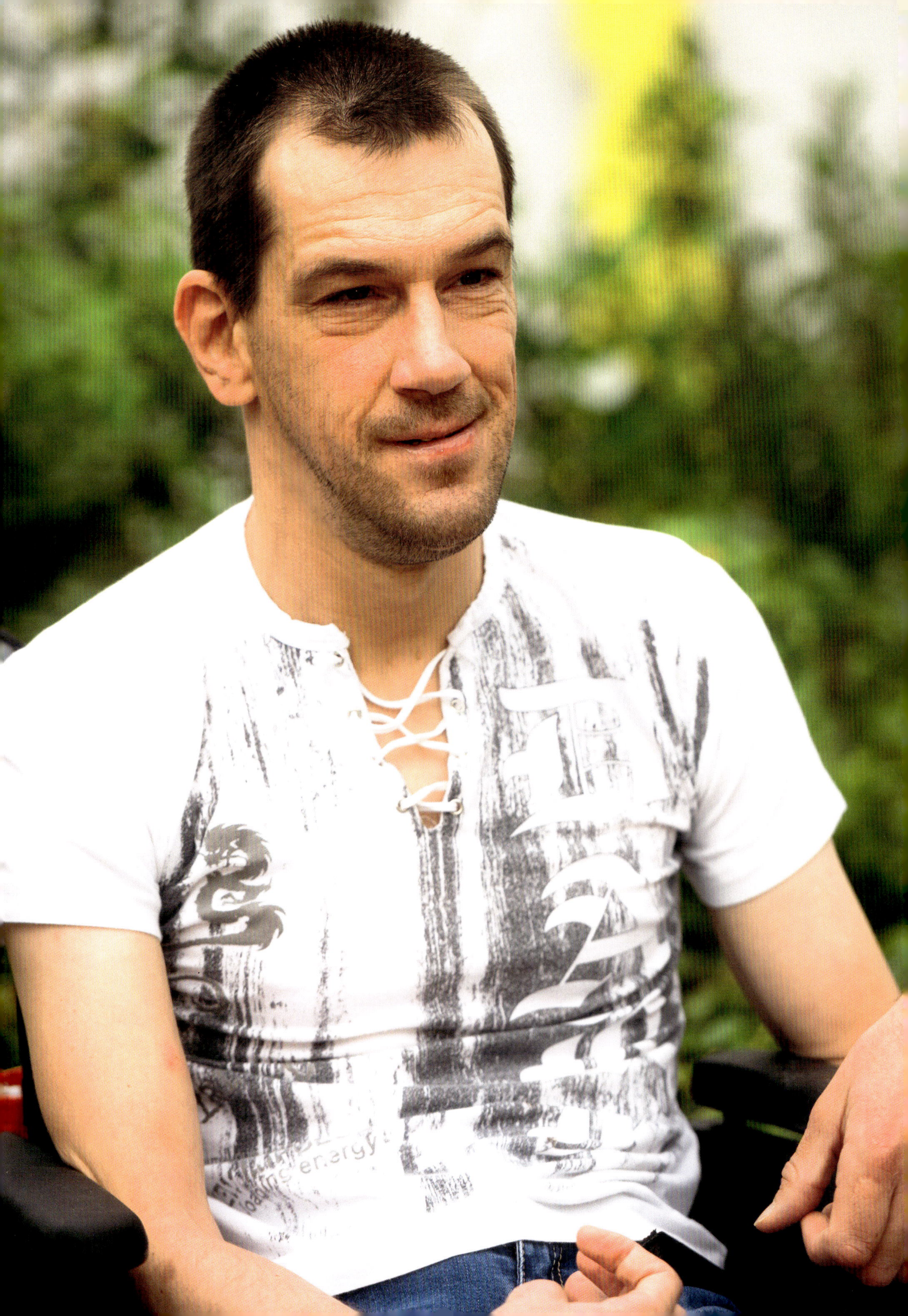

Christian Pelz

Christian Pelz aus Petting wohnt und arbeitet in München in der „Brücke gGmbH", einer Förderstätte für Menschen mit Behinderung mit angeschlossenem Wohnpflegeheim.
Der 43-Jährige hat nach Problemen bei seiner Geburt eine spastische Cerebralparese, sitzt deshalb im Rollstuhl und kann nicht sprechen. Mithilfe einer Symbolmappe verständigt er sich und die Menschen in seinem näheren Umfeld verstehen ganz gut, was er sagen will. Anfang der 1980er-Jahre war der kleine Christian zwei Jahre in der heilpädagogischen Tagesstätte der Lebenshilfe in Pertenstein, wechselte dann ins Heilpädagogische Zentrum Ruhpolding.

Die Oma kümmert sich
Von Anfang an kümmerte sich seine Oma Anni Pelz um Christian. Bei den Großeltern hat er auch heute noch immer sein Zimmer und kommt ungefähr alle drei Wochen übers Wochenende und zu Urlaubszeiten zu ihnen nach Hause. Den Familienentlastenden Dienst FeD nutzt die Familie schon seit langem. Einen Teil seines Urlaubs, wenn die Förderstätte in München Betriebsurlaub macht, verbringt Christian dann in der **Kurzzeitpflege in Traunreut.** Seit 2003 ist er dort mindestens einmal im Jahr und fühlt sich sehr wohl. Hier rührt sich was, er kennt die Betreuer sehr gut, trifft andere Leute, die – wie er selber – immer wiederkommen, und es ist eine willkommene Abwechslung für ihn.

„Im Heim ist er das ganze restliche Jahr, die Kurzzeitpflege ist mal was anderes", fasst seine Oma zusammen. Christian Pelz mag es, wenn sich was rührt, er macht gerne Ausflüge oder geht essen mit seinen Verwandten und fährt mit den Großeltern und seiner Tante öfter nach Ungarn in Urlaub. Neben Anni Pelz und ihrem Mann, die sich mit über 80 Jahren nicht allein um ihn kümmern könnten, hilft ihre Tochter Karin, Christians Tante, tatkräftig mit, wenn er zuhause ist. Sie arbeitet selber im Wilhelm-Löhe-Heim mit Kindern mit Behinderung und kennt Christian von klein auf sehr gut, weiß genau, was er mag und braucht. Durch den engen Kontakt zu ihrem Neffen reifte in ihr schon früh der Wunsch, sich auch beruflich mit Menschen mit Behinderung zu befassen.

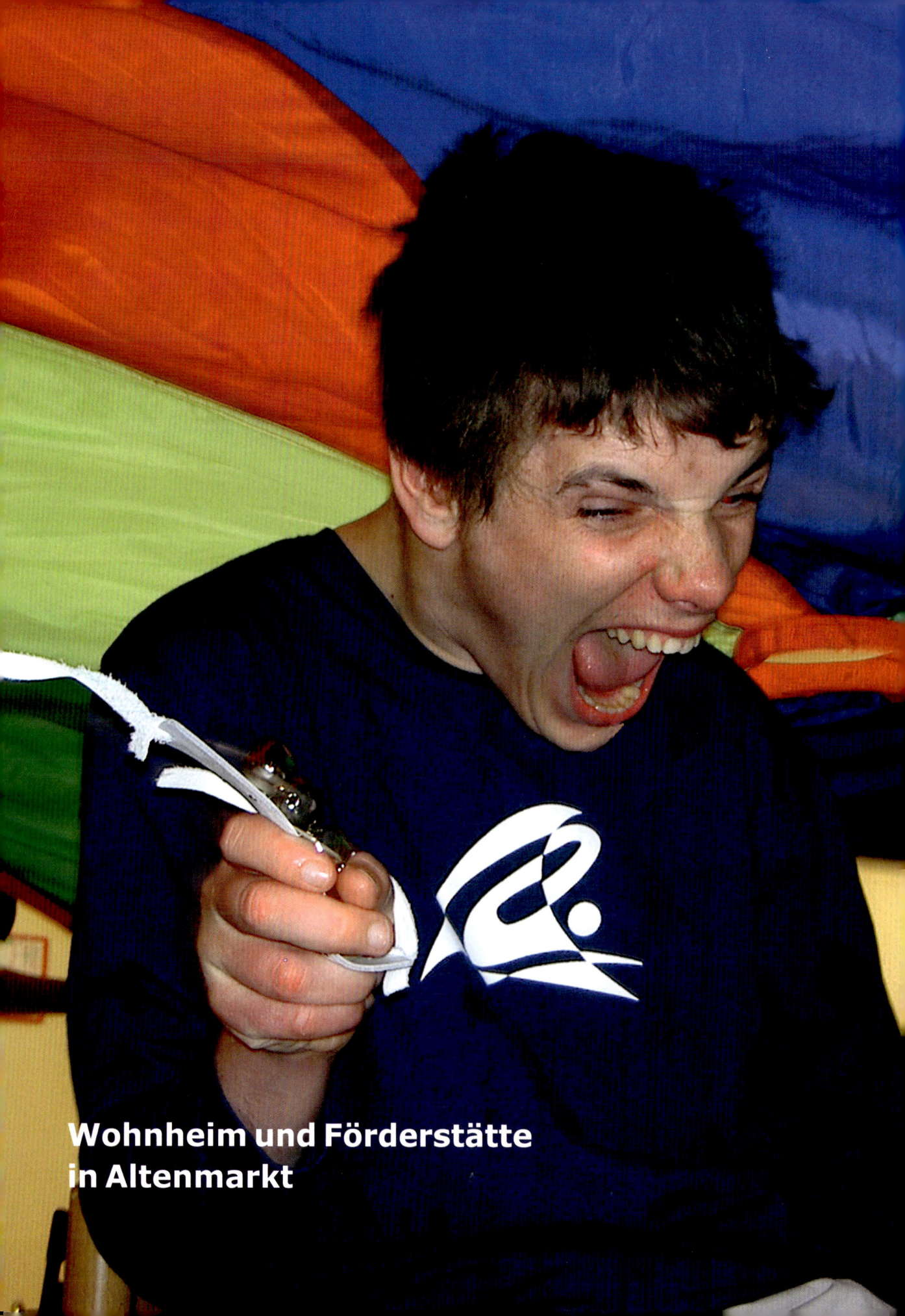

**Wohnheim und Förderstätte
in Altenmarkt**

1997 Wohnheim und Förderstätte Altenmarkt

Bereits 1983 war mit der Außengruppe Pertenstein unter dem verlängerten Dach der „Vereinigten Behindertenwerkstätten" in Schloss Pertenstein der Versuch gemacht worden, Menschen mit schweren mehrfachen Behinderungen angemessene Betreuung und Förderung zu erschließen.

Weitere vorläufige Einrichtungen entstanden 1990 mit der Wohnpflegegruppe für schwerstbehinderte Volljährige in Traunreut und der Fördergruppe für Menschen mit schwersten Behinderungen in Grabenstätt sowie 1992 in Traunreut.

Im Jahr 1997 konnte die Lebenshilfe Traunstein in Altenmarkt das Wohnheim und die Förderstätte für Erwachsene mit schweren und mehrfacher Behinderung eröffnen.

Fast zehn Jahre Planungs- und Bauzeit waren vorausgegangen. Es entstanden ein Wohnheim mit 30 Plätzen und eine Förderstätte mit 36 Plätzen.

Planungsdaten im Zeitraffer

Im Dezember **1987** fand das erste Gespräch über den Bedarf mit dem Bezirk Oberbayern statt. Im Jahr darauf konnte man ein Gründstück in Altenmarkt erwerben. Die ersten Planungsgespräche mit dem Architekten erfolgten im Januar **1989**. Im Februar **1992** kam die Bedarfsanerkennung durch den Bezirk Oberbayern und im Juli **1993** folgte die Ersteingabe der Bauplanung. Nach dem Bewilligungsbescheid im Dezember **1994** durch die Regierung von Oberbayern ging es dann Schlag auf Schlag weiter: Juli 1994 Eingabe der Tekturplanung, Oktober 1994 Baugenehmigung, Mai **1995** Baubeginn und schließlich im April **1997** der Einzug und der Betriebsbeginn.

Eingangsbereich in Altenmarkt

In ihrem Grußwort zur Einweihung des Förderzentrums 1997 sagte **Barbara Stamm**, damals Bayerische Staatsministerin für Arbeit und Sozialordnung, Familie, Frauen und Gesundheit:
„Das neue Förderzentrum entspricht in seinem baulichen, personellen und fachlichen Konzept modernsten Erkenntnissen der Behindertenhilfe. Danach werden Menschen mit Behinderung heute immer mehr aus einer heilpädagogischen Betrachtungsweise gesehen. Dieses methodische Vorgehen ist nicht am jeweiligen Defekt orientiert, sondern gibt Raum für einen Optimismus hinsichtlich der Förderung und Lebensentfaltung der behinderten Menschen. So werden die Betroffenen in der Förderstätte insbesondere Hilfestellung zur Befriedigung ihrer Grundbedürfnisse in Sachen Selbstständigkeit, Beschäftigung und Arbeit erfahren. Im Wohnpflegeheim steht für sie angemessener Wohnraum bereit. ... Angemessenen Wohnraum zu haben ist deshalb so wichtig, weil er dem fundamentalen Bedürfnis nach Intimität und Rückzug, nach Orten für soziale Kontakte und nach individuellem Lebensraum entspricht. Wer angemessenen Wohnraum hat, wird in seiner Persönlichkeit gestärkt und stabilisiert."

Zur Entstehung der Bronzeskulptur „Schutz und Freiheit"
Ein Symbol für die Lebenshilfe Kreisvereinigung Traunstein e.V.

Peter Bantlin beschreibt den Entstehungsprozess der Skulptur: „Bereits 1996 wurden Überlegungen und Vorstellungen der Eheleute Bantlin für eine Skulptur im Eingangsbereich der Förderstätte und des Wohnheims Altenmarkt zusammen mit der in Salzburg ansässigen Künstlerin Elisabeth Herget auf Papier entwickelt und einer Entscheidung zugeführt. Es kam darauf an, in einfacher, jedoch moderner Darstellung eine Skulptur zu schaffen, die das, was zukünftig für den zu fördernden Personenkreis von den Mitarbeiterinnen und Mitarbeitern durch deren Auftrag und Berufung, dem Elternwunsch entsprechend, angestrebt werden soll, ausdrücken würde. Gedanklich sollten die Menschen mit schwerstmehrfachen Behinderungen in ihrer Not und die ständige Sorge der Eltern erfasst und symbolisch sichtbar gemacht werden.

Anlässlich eines langen Nachmittags im Atelier von Elisabeth Herget in Salzburg ging es darum, diese Grundidee ‚Schutz und Freiheit', wie wir es nannten, in Form einer Bronzeskulptur zu verwirklichen. Mittels eines auf den Boden gelegten großen Papierblattes begann Frau Herget zu zeichnen. Es entstand schon im Detail die angedachte Skulptur, kleine Änderungen wurden im Zuge des Gedankenaustausches eingearbeitet. Die seit der Eröffnung von Förderstätte und Wohnheim Altenmarkt im Jahr 1997 im Eingangsbereich stehende Bronzeskulptur empfängt liebevoll mit geöffneten Flügeln und in Erwartung die ankommenden Menschen und entlässt sie gleichermaßen wieder in die Freiheit. Hier wird der Abnabelungsprozess aus dem Elternhaus symbolisiert. Die drei kleinen Figuren, die sich an den Schutzengel anschmiegen, symbolisieren die Menschen mit Behinderung. Ohne Furcht sind sie dankbar für den offenen, selbstverständlichen Empfang und den Schutz, der ihnen zuteil wird.

Dankbarkeit kommt auch zum Ausdruck für die Menschen, die sie begleiten, fördern, pflegen und in der schweren Aufgabe, auch als Vertreter der Eltern, ihre Berufung finden. Das große Ziel der Lebenshilfe Traunstein war es, in dieser Bronzeskulptur ihre große Aufgabe, den Menschen mit Behinderung und ihren Eltern zum einen Schutz zu gewährleisten, ihnen zum anderen aber auch die notwendige Freiheit zu lassen, zum Ausdruck zu bringen. Den Eltern soll das Gefühl vermittelt werden, wir können unser Familienmitglied mit Behinderung in dieses Haus beruhigt und vertrauensvoll abgeben, denn es wird mit Liebe empfangen und begleitet."

Peter und Eleonore Bantlin

Künstlerische Gestaltung in Wohnheim und Förderstätte Altenmarkt

Peter Bantlin sagt zur künstlerischen Gestaltung in Wohnheim und Förderstätte, seinem ausgesprochenen Herzensanliegen, um der Einrichtung im Außenbereich und in den Räumlichkeiten den erwünschten Stil zu verleihen: „**Das Mosaik** im Eingangsbereich stellt ein Mandala dar und damit nach dem Glauben des buddhistisch-taoistischen Kulturkreises die mystische Beziehung zwischen Mensch und Weltall. Das Mandala nach dem Entwurf von Sybille Salzeder soll allen, die im Haus ein- und ausgehen, Nachdenklichkeit, Innehalten und Kraft geben.

Die Aquarelle von Aldona Sassek in den Gängen zeigen Motive aus der Umgebung von Altenmarkt. Sie entsprechen unserem Wunsch, in die wunderbare Kulturlandschaft und in die Gemeinde Altenmarkt integriert zu werden und den richtigen Platz für unsere Menschen mit schwerstmehrfachen Behinderungen und die fördernden Mitarbeiterinnen und Mitarbeiter gefunden zu haben.

Den Flügel im Mehrzweckraum schuf Aldona Sassek aus den Messern eines alten landwirtschaftlichen Gerätes. Auf Wunder zu warten heißt nicht, etwas Außergewöhnliches leisten zu können, sondern es heißt vielmehr, im Alltäglichen dem, was man zu leisten imstande ist, treu zu sein. Ohne täglich sich wiederholende Motivation, täglichen neuen Anfang im Tun für unsere Menschen mit schwerstmehrfachen Behinderungen, wird das nicht erreichbar sein können. In diesem Sinn möge das Kunstwerk allen im Haus tätigen Menschen Flügel verleihen.

Im Mehrzweckraum findet der Betrachter **das Sakralsymbol** von Sybille Salzeder. Es soll die Zugehörigkeit zu einem großen Ganzen, unserem Universum und dem christlichen Abendland zum Ausdruck bringen. Es soll über das Haus wachen, das Gute begleiten und Kraft vermitteln.

Das Wandbild im Treppenhaus von Hildegard Herget und Sybille Salzeder zeigt einen stilisierten Baum, der mit den ihn umgebenden Ornamenten darauf hinweist, was in den Therapieräumen vermittelt wird.

Der Kugelbrunnen im Atrium lädt dazu ein, einige Minuten in sich selbst zu ruhen, sich nicht zu viel vorzunehmen, ohne Übertreibung und Ungeduld in Gedanken nach dem Guten zu suchen und Dinge zu durchdenken, an jedem Tag.

Der Komet neben dem Aufzug: Am Tag der Einweihung war der große Komet zu sehen. Sybille Salzeder empfand das als Zeichen und gutes Omen für die Zukunft des Hauses. Spontan entstand das Bild als Symbol für ein gutes Gelingen unseres verantwortungsvollen Auftrages.

Unsere Bemühungen um ein lebenswertes und würdiges Dasein für die Menschen mit schwerstmehrfacher Behinderung fasst ein Wort von Matthias Claudius treffend zusammen:
‚Es ist kein anderer Weg zu Gott denn durch den Alltag unseres Tuns'."

2004 Erweiterung der Förderstätte in Altenmarkt

Für jeden Menschen ist es wichtig, eine Aufgabe in seinem Leben zu haben. In der Förderstätte wird das realisiert, indem Fein- und Grobmotorik geschult, Ausdauer und Konzentration gefördert und soziale Kontakte gepflegt werden. Das geschieht unter anderem in Neigungsgruppen und Einzelförderangeboten. Durch den Umgang mit Materialien wie Wachs, Ton und Filz wird die Sinneswahrnehmung angeregt, vorhandene Fähigkeiten und Fertigkeiten werden vertieft. Zu diesem Zweck war es wichtig, im gesamten Raumprogramm auch neue Werk- und Therapieräume für Aktivitäten wie Wahrnehmung, Musik, Wachs-, Textil-, Holz-, Metall- und Keramik-Arbeiten zu errichten.

Bereits 2004 erfolgte die Erweiterung der Förderstätte um drei Fördergruppen. Somit stieg die Zahl der Plätze für Menschen mit schwerer und mehrfacher Behinderung von ursprünglich 36 im Jahr 1997 auf insgesamt 54 Plätze im Jahr 2004.

Sie sind und gehen wie in Kreisen,
durch manche Worte eingeengt,
die Gesten suchend mit den leisen
Gebärden, die ein Tag verschenkt.

Womit sie wachsen aus Verlangen
mit pfleglichem Beginn
die Stunden sorgsam aufzufangen,
durch Hilfe, Tätigkeit, Gewinn.

Sie sind die Mitte unserer Mitte,
den eigenen Sinnen zugeführt,
und ihre oft zaghafte Bitte
lebt von der Hand, die sie berührt.

Das Leben selbst öffnet die Türen
zu manchem, das dem Blick gefällt,
in Neugier Neues aufzuspüren,
von einem Lächeln aufgehellt.

Georg Ihmann

Der bekannte Hörspielautor, Schriftsteller und Lyriker Georg Ihmann (1927–2017) aus Traunreut schrieb dieses Gedicht, dem er den Titel *Den Schwerbehinderten* gab, anlässlich des zehnjährigen Jubiläums des Förderzentrums in Altenmarkt.

Günther Kölbl
(im Beiwagen) beim Sommerfest der Förderstätte 2019

Günther Kölbl

Ursula und Helmut Kölbl aus Traunstein sind froh, dass ihr Sohn Günther in der Förderstätte und im Wohnheim in Altenmarkt bestens untergebracht ist: „Das ist sein Daheim und er fühlt sich dort sichtlich wohl."

Dabei war es keine leichte Entscheidung, ihren Sohn mit schweren Behinderungen dort unterzubringen. Günther war als Schüler und Jugendlicher im Heilpädagogischen Zentrum in Ruhpolding und danach, als er 21 Jahre alt war, stellte sich für seine Eltern die große Frage, wie es nun weitergehen sollte.
Bei der Lebenshilfe in Traunreut fand sich zum Glück ein Platz für ihn, wo er tagsüber Beschäftigung fand. Die Förderstätte in Altenmarkt war damals schon in Planung. Ursula Kölbl meldete sogleich Interesse an und brachte sich auch immer wieder in Erinnerung.
Bei der Eröffnung der Förderstätte im Jahr 1997 war Günther dann bei den Ersten, die in der Förderstätte betreut wurden.

„Die Förderstätte war für ihn eine gute Möglichkeit, da er für die Werkstätte nicht geeignet war", wissen die Eltern. Wenige Monate später zog er auch in eine Wohngruppe ein, und wie bei allen jungen Menschen begann die Abnabelung vom Elternhaus.

„Das war für uns keine leichte Entscheidung, aber ich bin froh, dass wir es so gemacht haben. Man muss als Eltern überlegen, was für den Angehörigen am besten ist", erinnert sich Ursula Kölbl. Ihr und ihrem Mann war immer klar, dass sie auch an später denken müssen, an die Zeit, wenn sie selber nicht mehr für Günther sorgen können.

Als Heranwachsender konnte Günther sich in die Gruppe in Altenmarkt gut integrieren, schloss Freundschaften, fühlte sich rasch heimisch. Und die Eltern, die den inzwischen 48-Jährigen im 14-tägigen Rhythmus übers Wochenende nach Haus holen, haben nach wie vor großen Anteil an seinem Leben und sehen, dass es ihm gut geht. Die Beschäftigung, die Gemeinschaft, Ausflüge und Feste, die Günther in Altenmarkt nutzt und genießt, könnten sie ihm zuhause nicht mehr bieten.

Der Kontakt zu den Mitarbeiterinnen und Mitarbeitern der Lebenshilfe ist hervorragend und für die Betreuung von Günther sehr wichtig.

Ursula Kölbl betont: **„Ich kann nur allen betroffenen Eltern raten, sich beizeiten darum zu kümmern, dass ihre Kinder mit Behinderung bei der Lebenshilfe ein geeignetes Zuhause finden."**

Freizeit und Sport
in der Lebenshilfe Traunstein

Mit dem stimmungsvollen Foto von Günther Kölbl auf der Seite 92 ist ein großer Bereich angesprochen, der innerhalb der Lebenshilfe Traunstein nicht fehlen darf, die Freizeit.

Bereits seit 1987 hat es innerhalb der Offenen Behindertenarbeit verschiedene Angebote zur Freizeitgestaltung gegeben. Dazu gehörten und gehören beispielsweise Wandern, Tanzen und Kegeln ebenso wie Schminkkurse, Marmelade einkochen und die verschiedensten Bastelarbeiten.

Im Lauf der Jahre kamen dazu auch sportliche Aktivitäten. Sport in der Lebenshilfe kann heißen: Fußball, Basketball, Laufen, Klettern, Karate, Zumba, Schwimmen, Nordic Walking, Skifahren, Skilanglauf, Radeln ...

Seit einigen Jahren ist die Teilnahme an den Special Olympics für etliche Sportlerinnen und Sportler mit Behinderungen innerhalb der Lebenshilfe Traunstein ein Höhepunkt. Auf die Sommer- und Winterspiele bereiten sich die Sportlerinnen und Sportler sorgfältig und mit großer Freude vor. Damit ist das Ziel der Special Olympics erreicht, möglichst viele Menschen mit geistiger Behinderung zu regelmäßigem Sport anzuregen.

Seit 2008 gibt es bei der Lebenhilfe Traunstein das inzwischen traditionelle Lebend-Kicker-Turnier für Mannschaften aus Menschen mit und ohne Behinderung, das an unterschiedlichen Standorten ausgetragen wurde. Diese beliebte Veranstaltung kam zustande, weil ein Kreis von Freunden im Erhartinger Sportverein einen Kickerkasten baute und ihn der Lebenshilfe Traunstein zur Verfügung stellt.

Lebend-Kicker-Turnier

l Olympics
Bayern
adidas
Special Olympics
Deutschland
75
www.reitimwinkl.de
adidas

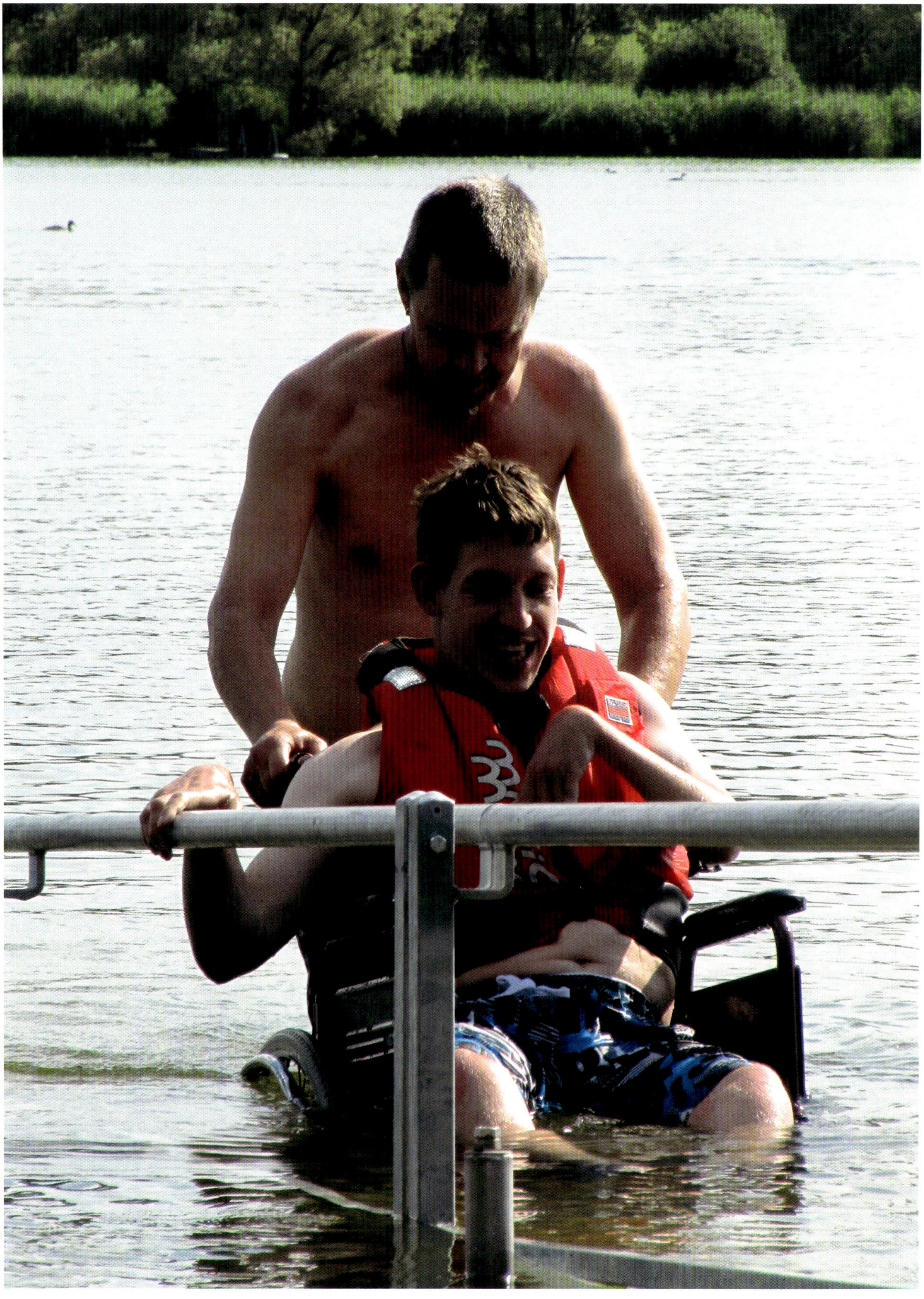

Neue Wege zu einem selbstständigen Leben

Chor „Insieme"

1998 Lebenshilfe *produktiv*
Magazin für Freunde und Förderer der Lebenshilfe für Menschen mit geistiger Behinderung

Im persönlichen Gespräch zwischen Peter Bantlin, damals Erster Vorsitzender der Lebenshilfe Traunstein und Friedrich M. Kirn, entstand im Jahr 1998 die Idee zur Konzeption und Realisierung eines Magazins für Freunde und Förderer der Lebenshilfe Traunstein für Menschen mit geistiger Behinderung.

„Von Anfang an bestand der Anspruch darin, die Elterninitiative im Landkreis bekannt zu machen und Menschen mit und ohne Behinderung in den Mittelpunkt zu stellen", erinnert sich Peter Bantlin, der konsequent die Gründergeneration der Elterninitiative und deren Wegbegleiter aus Politik und Wirtschaft in das Kommunikationsprojekt einbezog. So kamen über nunmehr zwei Jahrzehnte verdiente Persönlichkeiten zu Wort. Über die Jahre wurde das gesamte Leistungsspektrum der Lebenshilfe Traunstein vorgestellt und dokumentiert. Von der Frühförderung für Kinder über die Offene Behindertenarbeit und Wohnangebote bis hin zu innovativen Angeboten für Senioren wurde und wird ausführlich berichtet. Ein besonderer Schwerpunkt sind bis heute die Chiemgau-Lebenshilfe-Werkstätten. „Hier ging und geht es darum, den Arbeitsalltag von Menschen mit unterschiedlichen Einschränkungen vorzustellen. Zudem präsentieren sich die Werkstätten als kompetenter und zuverlässiger Partner der Wirtschaft im Chiemgau", so Bantlin. Das Magazin liefert Informationen zu Entwicklungen rund um die Betreuung von Menschen mit Behinderung sowie zu Projekten der Elterninitiative. Angesprochen werden Menschen mit Behinderung, Familien und Betreuer, Freunde und Förderer sowie die Kommunen im Landkreis. „Durch Lebenshilfe *produktiv* wurde und wird die Wahrnehmung der Lebenshilfe Traunstein im Landkreis verstärkt und die Mitgliederwerbung deutlich forciert", weiß Bantlin, der über das Magazin mehrere Großspender gewinnen konnte.

Der Name Lebenshilfe *produktiv* geht auf den Vorschlag des Reutlinger Arztes Prof. Dr. med. Alexander Kirn zurück. Konzipiert und realisiert wurde das Magazin in den vergangenen 20 Jahren von Friedrich M. Kirn in Zusammenarbeit mit der Vorstandschaft und den Geschäftsführern von Verein und Werkstätten der Lebenshilfe Traunstein. Der erste grafische Entwurf stammt von Stefan Hartmeier aus Reutlingen, später war Anna Koriath langjährige Partnerin in der grafischen Umsetzung. Das aktuelle Layout entwarf Deivis Aronaitis.

1999 Wohnheim Traunstein
Erstes Wohnheim der Lebenshilfe im südlichen Landkreis

Am 1. September 1999 ist die Lebenshilfe Traunstein mit zwei neuen Wohngruppen ins Herz von Traunstein gezogen. Der Jugendstilbau der ehemaligen Pension „Villa Härtl" bot nach der Renovierung durch den Besitzer ideale Voraussetzungen für das neue Wohnheim.

Josef Binder, von 1993–2008 Geschäftsführer der Lebenshilfe Traunstein, merkte dazu an: „Das positive Mietverhältnis, die zentrale Lage in Traunstein, fünf Doppelzimmer, zehn Einzelzimmer und die ausgedehnte Grünfläche mit Parkplätzen sind für uns ein ausgesprochener Glücksfall."

Als erstes Wohnheim im südlichen Landkreis bietet die „Villa Härtl" neben den Zimmern viele kleine Neben- und Kellerräume, also genügend Platz für die alltäglichen Dinge.
Von Anfang an dienen einige Kellerräume als Lager für den Lebenshilfe-Laden. Nach der Eröffnung des Café Bistro Intreff und dem Entschluss, dort während der Woche einen Mittagstisch anzubieten, wurden weitere Kellerräume, die das Wohnheim nicht brauchte, zur Küche umgebaut.

Das Beste ist nach Ansicht der Bewohnerinnen und Bewohner die zentrale Lage. Der Bahnhof und das Kino sind ebenso wie der Stadtplatz und die verschiedenen Geschäfte zu Fuß gut erreichbar.

Bis 2018 wurde das Wohnheim von der Lebenshilfe Traunstein für jeweils zwei Wohngruppen genutzt. Aufgrund der fehlenden Barrierefreiheit wird das Wohnheim seit September 2018 im Rahmen des Betreuten Wohnens betrieben.

Erstes Wohnheim im südlichen Landkreis in Traunstein

1999 Lebenshilfe-Laden

30 Jahre nach ihrer Gründung erfolgte in der Lebenshilfe Traunstein eine kräftige Wachstumsphase mit Ausweitung auf neue Lebens- und Arbeitsbereiche.

In der Leonrodstraße 4a in Traunstein war im Herbst das erste Wohnheim für Menschen mit Behinderungen im südlichen Landkreis Traunstein eröffnet worden. Auf dem Gelände des neuen Wohnheims gab es auch eine große Anzahl von Garagen, die für den Betrieb des Wohnheims nicht benötigt wurden.

Das eröffnete der Lebenshilfe Traunstein die Möglichkeit, ein Konzept für einen Laden umzusetzen, in dem ausschließlich Produkte verkauft werden, die Menschen mit Behinderungen in Werkstätten bundesweit herstellen. Ziel war und ist es, durch die Vielfalt der Produkte und deren überzeugende Qualität allen Interessierten die Leistungsfähigkeit der Menschen mit Behinderungen aufzuzeigen und näher zu bringen.

Um die Finanzierung des Ausbaus kümmerte sich damals Peter Bantlin, der heutige Ehrenvorsitzende der Lebenshilfe Traunstein, der sich erinnert: „Die ehemaligen Garagen des neuen Wohnheims konnten wir dank der großartigen Unterstützung durch die Stiftung Dr. Johannes Heidenhain zu einem modernen Laden mit rund 75 qm Verkaufsfläche umbauen."

Lebenshilfe-Laden erster Info-Treff
„Damit war für die Freunde und Förderer der Lebenshilfe in Traunstein eine neue Ära angebrochen. Seit dem 1. Oktober 1999 hat die Lebenshilfe … ihr eigenes Verkaufsgeschäft und einen Info-Treff", sagte der damalige Geschäftsführer Josef Binder.

In den folgenden Jahren erwarb sich der Lebenshilfe-Laden viele treue Stammkunden, die sein Angebot von Produkten aus Werkstätten für Menschen mit Behinderung aus unserer Region und dem gesamten Bundesgebiet zu schätzen wissen.

Dieser Erfolg wurde anfänglich nur durch engagierte hauptamtliche Mitarbeiterinnen und Mitarbeiter möglich, die durch Eigeninitiative und immer neue Ideen dem Laden sein besonderes Flair geschaffen haben, allen voran **Franz Heuver**, der den Lebenshilfe-Laden mit aufbaute und diesen auch noch unterstützte, nachdem er in Ruhestand gegangen war. **Marianne Patermann** und **Ingrid Winklmaier** arbeiten heute noch im Lebenshilfe-Laden.

Seit der ersten Stunde im Laden dabei: Franz Heuver, Ingrid Winklmaier und Marianne Patermann

Gleichzeitig versteht sich der Laden als Multiplikator für Öffentlichkeitsarbeit, u.a. mit Aktionen für Bürgerinnen und Bürger und Schulklassen, mit Ständen auf Ausstellungen und Märkten im gesamten Landkreis, einschließlich der Gewerbeschau Truna.

Seit 2003 „Ehrenamtliche" im Lebenshilfe-Laden

Um die verschiedenen Aufgaben und Aktionen im Laden leisten zu können, unterstützen bereits seit 2003 „Ehrenamtliche" den Lebenshilfe-Laden. Ihnen allen gebührt der herzliche Dank der Lebenshilfe Traunstein, denn viele Aktionen und Veranstaltungen waren nur durch die tatkräftige Hilfe dieser engagierten Frauen und Männer überhaupt erst möglich. So setzt sich etwa **Ernst Stoiber** seit Jahren beim Trostberger Weihnachtsmarkt ein und ist immer dann zur Stelle, wenn bei „Schwerarbeit" Hilfe gebraucht wird.

Die fleißigen Vier – Siegmund Klosa und **Markus Schmid**, **Michael Keil** und **Werner Lamminger** (von links) – helfen immer dann, wenn im Lebenshilfe-Laden besondere Aktionen außerhalb des Ladens anstehen. Über die Jahre haben sich sogar individuelle Aufgabenfelder herauskristallisiert: Siegmund Klosa berät als Topverkäufer die Kunden bei der Auswahl von Spielen aller Art. Markus Schmid ist für das Führen der Kasse zuständig. Werner Lamminger bringt als Werbefachmann die Kataloge an die Kunden und Michael Keil behält die Übersicht über den Verkauf als sorgfältiger Buchhalter. Gleichzeitig bilden **die fleißigen Vier** ein perfekt eingespieltes Team, das alle Aufgaben souverän bewältigt, natürlich ehrenamtlich.

Hannelore Weber arbeitete unglaubliche 10.000 ehrenamtliche Stunden
Die wesentliche Stütze des Lebenshilfe-Ladens ist seit Juli 2006 – nachdem sie in den Ruhestand ging – bis zum heutigen Tag Hannelore Weber. An fünf Tagen in der Woche ist sie für die Kunden des Ladens da.
Über die Jahre sind so mehr als 10.000 ehrenamtliche Stunden zusammengekommen.

Ein Unikum – Bürstenmacher Fritz Perschl
Fritz Perschl, von Geburt an erblindeter Bürstenmacher aus Waging, hat sein Berufsleben mit diesem Handwerk verbracht. Heute bindet er in seinem Ruhestand Besen aller Art auf Märkten. Jeden Mittwoch kann man ihm bei seiner Arbeit als Bürstenmacher im Lebenshilfe-Laden über die Schulter schauen. Sein handwerkliches Können stellt er für die Lebenshilfe seit über einem Jahrzehnt ehrenamtlich zur Verfügung. Bei Gelegenheit greift er gerne zur Ziach und bildet den Mittelpunkt fröhlicher Runden.

Werner Lamminger

Werner Lamminger ist mit seiner freundlichen, einnehmenden Art innerhalb der Lebenshilfe Traunstein und darüber hinaus eine bekannte Größe: Viele Menschen kennen ihn von seiner Arbeit auf der Truna, Einsätzen auf Christkindlmärkten oder bei vielen anderen Gelegenheiten, wo er sich mit Tatkraft und Elan einbringt.

Im Dezember 1973 wurde Werner in Traunstein geboren. In Unterwössen beim Sägewerk wuchs er als Jüngster zusammen mit zwei Brüdern und zwei Schwestern auf. Er besuchte Schule und Wohnheim des Heilpädagogischen Zentrums in Ruhpolding. Nach Beendigung seiner Schulzeit fing er in der Gärtnerei der Chiemgau-Lebenshilfe-Werkstätten in Großornach zu arbeiten an und bezog dort auch das Wohnheim. 1999 wechselte er in das damals neu eröffnete Wohnheim in der „Villa Härtl" in Traunstein. 2007 bezog er eine eigene Wohnung, zunächst im Rahmen des Betreuten Wohnens. Inzwischen lebt er völlig selbstständig.

Werner Lammingers Arbeitsbiografie ist äußerst vielseitig. Sein fester Arbeitsplatz ist die Südwerkstätte in Haslach. Darüber hinaus setzt sich Werner an etlichen Außenarbeitsplätzen tatkräftig und mit Geschick ein: Von verschiedenen Tätigkeiten in einer Brauerei über Arbeiten in einer Chemiefabrik, im Bauhof und in der Stadtgärtnerei bis zu Einsätzen in einem Bäckereibetrieb beweist Werner überall, dass er zupacken kann. Seit 2005 versieht er regelmäßig Hausmeistertätigkeit im Lebenshilfe-Laden und im Café Bistro Intreff.
Werners ehrenamtliches Engagement schließt Hilfe bei der Behindertenwallfahrt nach Maria Eck ebenso ein wie zahllose Einsätze bei Tagen der Offenen Tür, Christkindlmärkten, Konzerten der Lebenshilfe, während der Gewerbeschau Truna und bei Abendveranstaltungen im Café Bistro Intreff.

Er charakterisiert sich selbst als jemanden, der keinen Streit mag, „weniger gern" kocht und kommentiert seine unermüdliche Einsatzbereitschaft mit „passt". Als Freizeitbeschäftigungen nennt er „radeln" und „Landschaft anschauen".
Mit schöner Regelmäßigkeit erscheint Werner in den verschiedenen Publikationen der Lebenshilfe Traunstein quasi als Model auf Fotos, immer mit seinem verschmitzten Lächeln, in sich ruhend, zufrieden.

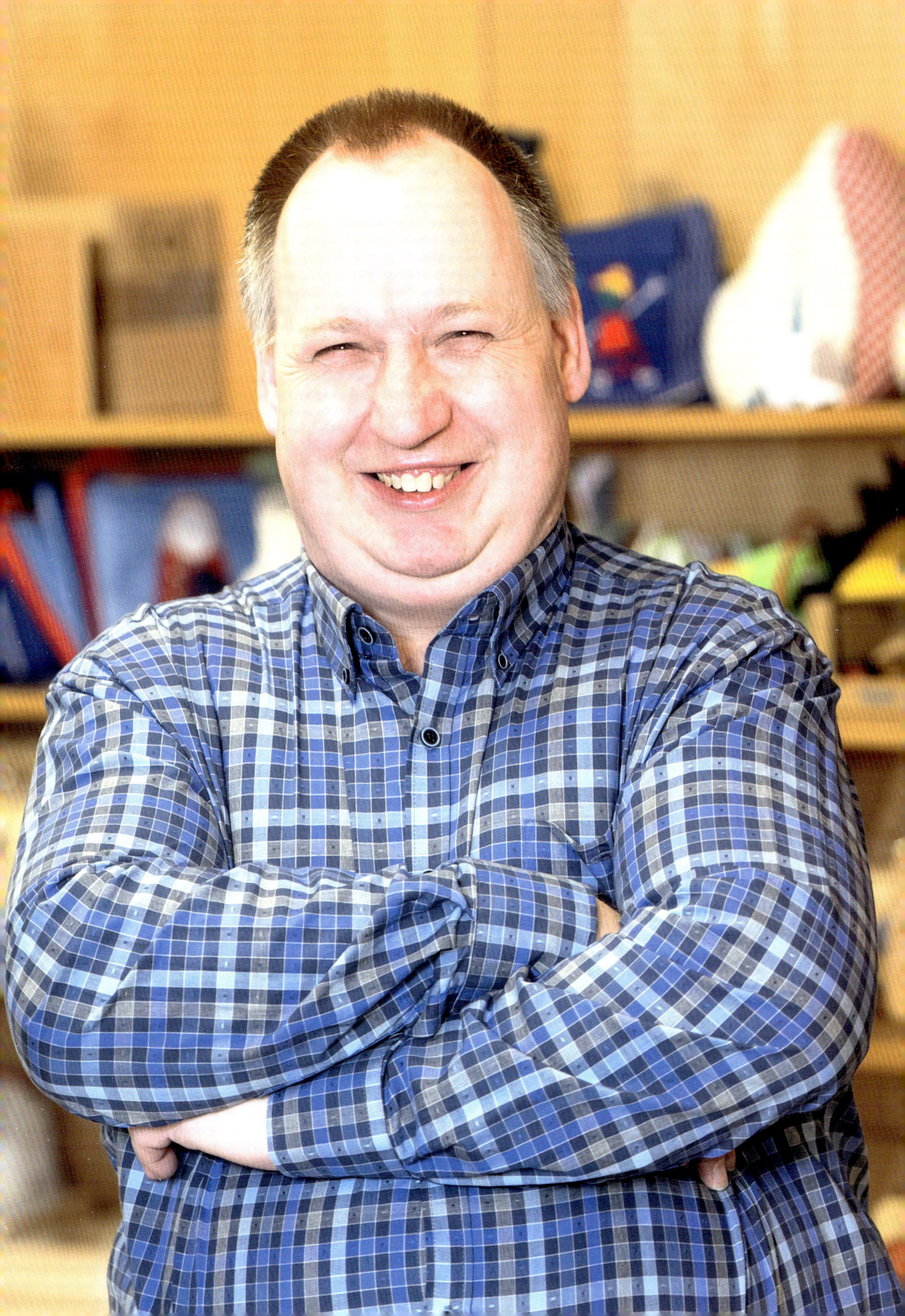

Neue Herausforderungen auf dem Weg zum Miteinander

Neue Herausforderungen auf dem Weg zum Miteinander	107
2001 Seniorenbetreuung TANGO	109
Georg Kalchgruber	110
2002 Neue Einrichtung in Traunreut	113
Holzeulen als Stille Sammler	114
2002 Wohnheim in Oderberg	115
2002 Chiemgau-Kiste gGmbH (ChiKi)	116
Michaela Bräu	118
„Is denn net des a Leb'n"	120
2003 Stiftung Lebenshilfe Traunstein	122
2004 Zweites Wohnheim in Waging	124
2004 Berufsbildungsbereich BBB	124
2005 Café Bistro Intreff	126
Maria Huber	131
2006–2017 Holzwerkstatt in Höhenstetten	133
2007 Südwerkstatt in Traunstein	135
Anni Schuster	136
2007 Freundes- und Förderkreis	138
Was lange währt …	140
2007 Eltern für Eltern	141
2007 Schädel-Hirn-Trauma-Gruppe	142
2007 Wohnheim in Seeon	142
2008 Ein Film über die Lebenshilfe Traunstein	143
2008 Namensänderung des Vereins	144
Geschäftsführung in Lebenshilfe und Werkstätten	145
2009 Vierzig Jahre Lebenshilfe Traunstein e. V.	146
Spender	148
2010 Erweiterung Kurzzeitpflege	150
2011 Neubau TANGO	150
2012 Konduktive Therapie nach Petö	151
2013 Neubau in Altenmarkt	152
2013 Wohnheim für Senioren in Traunreut	153
Rosa Oberleitner	154
Die schönsten Geschichten schreibt das Leben	157
Bayerischer Verdienstorden für Peter Bantlin	159

Neue Herausforderungen
auf dem Weg zum Miteinander

Nach Gründung, Jahren des Aufbruchs und der kräftigen Entfaltungsphase in den ersten 30 Jahren ihres Bestehens sah sich die Lebenshilfe Traunstein vor neue Aufgaben gestellt.

Neue Lösungen waren gefragt – und wurden gefunden.

Die Menschen mit geistiger Behinderung, die nach jahrzehntelanger Arbeit in den Werkstätten das Seniorenalter erreichen, müssen weiter begleitet werden.
Menschen mit seelischen Erkrankungen und von Schädel-Hirn-Trauma betroffene Menschen brauchen Hilfe zur Wiedereingliederung ins (Arbeits-) Leben.
Im Berufsbildungsbereich bekommen Menschen mit Einschränkungen nach der Schulzeit Orientierung und Unterstützung, um die für sie individuell passende Stelle in den Werkstätten zu finden.
In betrieblichen Einrichtungen wie den Holzwerkstätten, der Bioland-Gärtnerei und dem Café Bistro Intreff fordern qualifizierte Arbeitsplätze tagtäglich die Menschen mit geistiger Behinderung und vermitteln ihnen Zufriedenheit mit der eigenen Leistung.

Die Namensänderung des Vereins setzt den Anspruch um, die Menschen in den Mittelpunkt zu stellen, nicht ihre jeweilige Beeinträchtigung.
Freundes- und Förderkreis, Eltern für Eltern und viele engagierte Ehrenamtliche beweisen, dass im Umfeld der Lebenshilfe Traunstein Menschen initiativ sind. Sie alle unterstützen die Arbeit in den zahlreichen Einrichtungen tatkräftig. Es ergibt sich ein Bild lebendiger Vielfalt und Gemeinschaft.

Seniorinnen und Senioren entwarfen diese Zeichnung als Logo für „ihren TANGO".

2001 Seniorenbetreuung TANGO
Tagesstrukturierende Maßnahmen für Senioren mit geistiger Behinderung

Seit 2001 bietet die Lebenshilfe Traunstein Tagesstrukturierende Maßnahmen für Senioren mit geistiger Behinderung an. Als Abkürzung für diese doch sehr lange Bezeichnung fand sich das liebevoll gemeinte TANGO.
Gemäß dem Grundsatz der lebenslangen Förderung ist auch die Vorbereitung auf den Lebensabschnitt nach dem Arbeitsleben wichtig. Es ist daher erforderlich, den individuellen Interessen der älter werdenden und alten Menschen mit geistiger Behinderung Rechnung zu tragen, ihnen Hilfen in der Freizeit zu bieten, durch Assistenz ihre größtmögliche Selbstständigkeit zu bewahren und einen Ausgleich zwischen Aktivität und Ruhepausen zu schaffen. Besonders wichtig dabei ist es, einen strukturierten Tagesablauf zu ermöglichen, der sich an den Interessen, Möglichkeiten und Bedürfnissen der Menschen orientiert, von ihnen als sinnvoll erlebt werden kann und ihre geistige und körperliche Mobilität möglichst fördert.
Im Anfangsjahr hatten fünf Seniorinnen und Senioren das damals neue Angebot angenommen, bald schon waren es 15 Personen zwischen 50 und 73 Jahren. Der Wohn- und Therapieraum mit Küchen- und Sanitärbereich auf insgesamt etwa 100 qm sowie Gartennutzung befand sich im Souterrain in Haus Pertenstein in Traunreut. Das blieb so bis 2011.

2011 Ein Neubau für TANGO
Unmittelbar neben Haus Pertenstein konnte 2011 der Neubau eröffnet werden, der Seniorinnen und Senioren in den behindertengerechten, hell gestalteten Räumen und Außenanlagen einen idealen Ort für Aktivitäten und zum Ausruhen bietet, mit Platz für bis zu 30 Personen. Die zwei Gruppenräume verfügen über eine Küche und zwei angrenzende Räume. Therapieräume werden für Gymnastik oder Entspannung genutzt. Auch ein Ruheraum steht zur Verfügung.
TANGO bietet vielfältige Beschäftigungsangebote und Anregungen, um den Menschen Fähigkeiten möglichst zu erhalten, Abbauprozesse zu verhindern oder zu verlangsamen. Spielen, Singen, Malen, Kochen, Basteln und anderes mehr stehen auf dem Programm. Dabei planen die Mitarbeiterinnen und Mitarbeiter die Angebote immer gemeinsam mit den Seniorinnen und Senioren und nehmen auf deren individuelle Wünsche und Bedürfnisse Rücksicht.

TANGO-Gruppe beim Kaffeetrinken

Georg Kalchgruber

Die Mama ist Liebe.
Weil sie mich gern mögen hat und wir immer beinand waren.
Weil wir viel miteinander gemacht haben.
Ich bin ein Kind von ihr.
Sie hat viel gearbeitet.
Sie ist tot.

Georg Kalchgruber

Das Gedicht schrieb Georg Kalchgruber, geboren 1943, anlässlich eines Literaturwettbewerbs. Georg Kalchgruber lebt in einer Wohngruppe der Lebenshilfe Traunstein, ist Rentner und besucht tagsüber die Gruppe TANGO. Früher arbeitete er in der Schreinerei der Werkstatt.
Georg Kalchgruber interessiert sich sehr für das Landleben und für bayrische Bräuche, außerdem kocht er gern, ist unternehmungslustig und pflegt den Garten.

Neue Einrichtung
in Traunreut

2002 Neue Einrichtung in Traunreut
Fachwerkstatt für Menschen mit seelischer Erkrankung

Die Fachwerkstatt für Menschen mit seelischer Erkrankung wurde am 7. Januar 2002 als Außenstelle der Chiemgau-Lebenshilfe-Werkstätten in der Porschestraße in Traunreut eröffnet, befand sich zwischenzeitlich in der Munastraße und ist jetzt in der Werner-von-Siemens-Straße in Traunreut. Zusätzlich gibt es seit 2017 noch weitere zehn Plätze in der Südwerkstätte in Traunstein.

Hintergrund
Der Bedarf für eine solche Einrichtung wurde bereits Ende der neunziger Jahre in einem Gespräch mit Vertretern des Bezirks Oberbayern erkannt. „Deshalb haben sich sowohl die Vorstandschaft der Lebenshilfe Traunstein als auch der damalige Aufsichtsratsvorsitzende der Chiemgau-Lebenshilfe-Werkstätten, Landrat Jakob Strobl, nach reiflicher Überlegung dazu entschlossen, diese Versorgungslücke zu schließen", erinnert sich Peter Bantlin.

Die Werkstatt hat die Wiedereingliederung von Menschen mit seelischen Erkrankungen ins Arbeitsleben zum Ziel. Der Wiedereinstieg wird einerseits durch gezieltes Training von Fähigkeiten und Fertigkeiten in verschiedenen Arbeitsbereichen vorbereitet, andererseits durch die Hinführung zum Erwerb wichtiger Schlüsselqualifikationen wie Selbstbewusstsein und Kooperationsfähigkeit.
Arbeitsbereiche sind unter anderem Montage und Verpackung, Holzbearbeitung, Büro, Küche und Hauswirtschaft.

In der Fachwerkstatt in Traunreut

Holzeulen als Stille Sammler
Eulen sammeln Geld für die Lebenshilfe

In der Geschichte der Lebenshilfe Traunstein spielen Eulen als Stille Sammler eine wichtige Rolle – mit bis zu 140 Sammelstellen von Altenmarkt bis Übersee.
Die Eulen begegneten einem beim Einkaufen, in Banken, an Kiosken, Tankstellen und vielen weiteren Orten, sozusagen auf Schritt und Tritt.

Aktion Lebenstaler für die Lebenshilfe
Bei der Umstellung von DM auf Euro im Zeitraum von 2001 bis 2002 gab es die Aktion „Lebenstaler für die Lebenshilfe – jede Münze zählt". Die Euroumstellung bescherte der Lebenshilfe Traunstein ein überwältigendes Ergebnis: Innerhalb von zwei Jahren kamen 9.659,77 Euro bzw. 18.892,86 DM zusammen.
Es wird kaum verwundern, dass die Veränderung der Zahlungsmethoden einen direkten Einfluss auf die Eulen-Spenden hatte. Umso bemerkenswerter ist es, dass bis zum heutigen Tag etliche Eulen überlebt haben und als Stille Sammler an ihren jeweiligen Standorten die Lebenshilfe in Erinnerung halten.

Jahrzehntelange Sammelaktion
Die Eulen-Sammelstellen im gesamten Landkreis wurden und werden über die Jahrzehnte von vielen ehrenamtlichen Helferinnen und Helfern betreut. Sie leerten und ersetzten gegebenenfalls die Holzeulen und fanden neue Standorte für die Stillen Sammler.

Auf dem Bild sind **Christine Geierstanger**, **Mathilde Matt**, **Karl-Heinz Würz** und **Betty Pastetter** zu sehen, einige der fleißigen Helferinnen und Helfer (von links).
Allen Spendern und allen ehrenamtlichen Sammlerinnen und Sammlern sei bei dieser Gelegenheit von Herzen für ihr stilles und beständiges Engagement gedankt.

2002 Wohnheim in Oderberg
Robert-Bosch-Straße

Im Jahr 2002 wurde das Wohnangebot der Lebenshilfe Traunstein um weitere acht Plätze in Oderberg erweitert. Dort ergab sich die Möglichkeit, im ersten Stock eines Wohn- und Geschäftshauses nach den Wünschen und Bedürfnissen der betreuten Menschen Wohnraum für eine Achtergruppe zu schaffen. Da das Wohnheim im ersten Stock liegt, war eine der Grundvoraussetzungen für die Anmietung des Geschosses ein Aufzug. Somit konnte sichergestellt werden, dass das neue Wohnheim auch für Menschen mit körperlichen Einschränkungen, insbesondere Rollstuhlfahrer, geeignet ist.

Feier im Wohnheim Oderberg

2002 Chiemgau-Kiste gGmbH (ChiKi)
Chiemgau-Lebenshilfe-Werkstätten

Im Juli 2002 wurde die Chiemgau-Kiste, kurz ChiKi, als eigenständiger Bereich der Chiemgau-Lebenshilfe-Werkstätten gegründet.
Räumlich untergebracht war die Chiemgau-Kiste anfangs in der Bioland-Gärtnerei in Großornach bei Obing. Ziel ist es, sowohl die Produkte der eigenen Bioland-Gärtnerei als auch Erzeugnisse anderer Bioland-Gärtnereien sowie weitere Bio-Produkte zu vermarkten.
Im Laufe des Jahres 2003 sowie 2004 erfolgte ein Umbau der Räumlichkeiten. In den darauffolgenden Jahren wuchs der Kundenstamm von 300 auf 800 Kunden an. Deshalb entschloss man sich zu einer Neuausrichtung und rief mit der Chiemgau-Kiste den heute **eigenständigen Inklusionsbetrieb** ins Leben.

Inklusionsbetriebe sind rechtlich und wirtschaftlich unabhängige Unternehmen, die im Wettbewerb mit anderen Firmen stehen und zwischen 25 und 50 Prozent Menschen mit Behinderung sozialversicherungspflichtig beschäftigen.

Das Ziel der Betriebe ist es, dass Mitarbeiterinnen und Mitarbeiter mit Behinderung später in anderen Unternehmen des allgemeinen Arbeitsmarktes eine Stelle finden. Dadurch haben Inklusionsbetriebe wie die Chiemgau-Kiste eine **Brückenfunktion** zwischen Arbeitsplätzen der Werkstätten für Menschen mit Behinderung und Arbeitsplätzen auf dem allgemeinen Arbeitsmarkt.

2008 Neuer Standort der Chiemgau-Kiste in Traunstein

2008 zog die Chiemgau-Kiste dann vom ländlichen Großornach nach Traunstein in die Räumlichkeiten der Südwerkstatt in einem ehemaligen Möbelhaus. Damit entstanden für fünf Menschen mit Behinderung sozialversicherungspflichtige Arbeitsplätze.

Michaela Bräu packt eine Chiemgau-Kiste

2016 Eigenes Gebäude für die ChiKi

Der Bio-Lieferservice der Chiemgau-Kiste entwickelte sich so gut, dass man sich 2015 zu einem **Neubau** entschloss. Im Dezember 2016 konnte der **Inklusionsbetrieb Chiemgau-Kiste** direkt gegenüber der Südwerkstatt Traunstein in Betrieb gehen.

Heute, im Jahr 2019, arbeiten auf rund 530 m² Fläche 16 Personen für die Chiemgau-Kiste, neun davon mit Beeinträchtigung. Pro Woche packt und liefert das Team etwa 800 Bio-Kisten an Haushalte im Chiemgau, Rupertigau, Berchtesgadener Land, Rosenheimer Land, in den daran angrenzenden Gebieten sowie in die grenznahe Region in Österreich.

Ein Teil des Teams der Chiemgau-Kiste

Michaela Bräu
bei ihrer Arbeit für die ChiKi

Michaela Bräu

Seit es die Chiemgau-Kiste ChiKi gibt, ist Michaela Bräu aus Traunstein dort beschäftigt. Jeden Tag packt sie mit ihren Kolleginnen und Kollegen Kisten mit Obst, Gemüse und anderen Lebensmitteln, die an die Kunden ausgeliefert werden.
Die 39-Jährige kam im Alter von 20 Jahren zur Lebenshilfe. Davor lernte sie nach ihrer Schulzeit in der Jugendsiedlung Traunreut verschiedene Berufsfelder kennen und machte auch ein Praktikum in der Gärtnerei Horizont der AWO in Trostberg.
Die Gartenarbeit gefiel ihr schon immer, darum kam sie bei der Lebenshilfe Traunstein zur Bioland-Gärtnerei Großornach und bewarb sich für eine Arbeitsstelle bei der Chiemgau-Kiste.

„Ich wollte in einem Inklusionsbetrieb zusammen mit Menschen mit und ohne Behinderung arbeiten", erzählt Michaela Bräu, die mit ihrem Mann in Traunstein wohnt. Es macht ihr großen Spaß, die Kisten mit den unterschiedlichsten Inhalten zu packen, und wenn sie die Namen der Kunden auf der Liste liest, stellt sie sich manchmal vor, wer wohl dahinter stecken könnte. Von manchen Kunden bekämen die Beschäftigten sogar zu Weihnachten ein kleines Dankeschön für ihre Arbeit.

Wohlfühlen im ChiKi-Team
Jede Mitarbeiterin und jeder Mitarbeiter hat beim Packen der Kisten einen eigenen Bereich der Zuständigkeit, ob Gemüse, Obst, Trockenwaren oder Molkereiprodukte. Aus den Regalen oder Kühlräumen wird alles nach der jeweiligen Bestellliste zusammengetragen und in die Kisten gelegt. Am Anfang musste Michaela Bräu so manche Artikel oder Sorten erst kennenlernen. Inzwischen weiß sie bestens Bescheid und fühlt sich im Team der ChiKi rundum wohl.

„Is denn net des a Leb'n"
Volksmusik-CD für die Lebenshilfe Traunstein

Auf eine Anregung von Peter Bantlin hin, des damaligen Vorsitzenden der Lebenshilfe Traunstein, und unter der Schirmherrschaft von Landrat Hermann Steinmaßl konnte die Lebenshilfe **2002** eine **eigens für sie aufgenommene CD mit Volksmusik** präsentieren. Siegi Götze von der Bürgerhilfsstelle Traunstein und Hans Auer, ehemaliger Leiter der Musikschule in Inzell, verantworteten Zusammenstellung und Produktion.

„Freud an der Sach"
Alle insgesamt 16 Gesangs- und Musikgruppen wirkten unentgeltlich aus „Freud an der Sach" mit und machen mit ihrer traditionellen Volksmusik großen Wegbereitern wie Kiem Pauli, Wastl Fanderl und Annette Thoma alle Ehre.
Der komplette Erlös der Volksmusik-CD ging an die Lebenshilfe Traunstein.

Habacher Soatnmusi

Radlschmiedmusi

St. Leonharder Stubnmusi

St. Leonharder Sängerinnen

Beischneider Dreigsang

Tenglinger Sänger

Les Pompiers Feuerwehrhäuslmusi

Unterreitfelder Dreigsang

Wanger Zwoagsang

2003 Stiftung Lebenshilfe Traunstein
Hans Georg Lohr

Die Gründung der Stiftung Lebenshilfe Traunstein Hans Georg Lohr erfolgte 2003. Die Stiftung wurde ermöglicht und erhielt ihren Namen von Hans Georg Lohr (1928–2004), der das Stammkapital zur Verfügung stellte.

Mit der Stiftung ist eine dauerhafte Einrichtung geschaffen, deren Mittel vor allem für langfristig geplante Projekte eingesetzt werden können. Für die Verwirklichung von Projekten dürfen bei der Stiftung nur die Erträge aus dem Stiftungsvermögen sowie Spenden verwendet werden. Das Stiftungsvermögen muss gewissenhaft angelegt sein und wächst mit jeder Zustiftung an. Wer die Stiftung Lebenshilfe Traunstein Hans Georg Lohr also unterstützt, erhöht das Stiftungskapital und stärkt damit dauerhaft die Arbeit der Stiftung. So leistet jeder Stifter einen bleibenden, nachhaltigen Beitrag zur Förderung von Menschen mit geistiger Behinderung im Landkreis Traunstein.

Einlagen in die Stiftung sind möglich als Darlehensgebung, Zustiftung, Spenden und (unselbstständige) eigene Stiftung. Dabei sind die zur Verfügung gestellten Gelder Ergänzungen zur staatlichen Förderung, nicht etwa ihr Ersatz.

Projektbeispiele
Bisher konnten unter anderem die folgenden Förder- bzw. Unterstützungsprojekte ganz oder anteilig übernommen werden:
Finanzielle Unterstützung für Familien, deren Kinder in der Kurzzeitpflege betreut werden und die sich die Eigenbeteiligung nicht leisten können;
Anschaffung einer Küche für die Offene Behindertenarbeit, Erwerb einer Gehhilfe, Erwerb eines Pflegebetts für Kinder in der Kurzzeitpflege, Anschaffung eines Bewegungs-/Therapiegeräts für die Seniorengruppe, Zuschuss zu einem Medikament;
Anschaffung von Sportmaterialien für die Senioren, Übernahme der Fahrtkosten für die Teilnehmer am Literaturwettbewerb für Menschen mit geistiger Behinderung in Hamburg;
Finanzierung der Freizeit für den Bewohner eines Wohnheims, Übernahme der Kosten für die Einführung und Durchführung der neuen Behandlungsmethode „Konduktive Förderung";
Kauf eines Trampolins für die Wohngruppen im Haus Pertenstein, Zuschüsse zu Freizeitmaßnahmen, Übernahme der Kosten für eine Lichttherapie-Lampe.

Das folgende Beispiel einer **Zustiftung durch Lore v. Dobeneck** zeigt, auf welch verschlungenen Pfaden Menschen zur Lebenshilfe finden und sie dann konsequent unterstützen.

Die Stifterin Lore v. Dobeneck beschreibt das so:
„Im Jahr 2005 besuchte ich in der ehemaligen ‚Härtl-Villa' am Tag der offenen Tür das Wohnheim in Traunstein und den Laden der Lebenshilfe. Dort gab es Infomaterial, das ich zuhause studierte. In der Folge stellte ich immer mal Fragen zur Lebenshilfe an Peter Bantlin, einem meiner Mitsänger in der Kantorei. Ich erfuhr von seinem Schicksal als Vater einer Tochter mit Behinderung und seinem jahrzehntelangen Einsatz für die Lebenshilfe.

Da wir in der weiteren Verwandtschaft auch Menschen mit Behinderung haben und ich wusste, was das für die Familien bedeutet, reifte mein Entschluss, mich hier für die Lebenshilfe einzusetzen. Darin ermutigt war ich besonders nach einer Führung durch Förderstätte und Wohnheim in Altenmarkt. Der gute Geist und Umgangston dort und die Vielfalt an sinnvollen Förderungsmöglichkeiten haben mich tief beeindruckt.

Zunächst wurde ich Mitglied der Lebenshilfe Traunstein, später stiftete ich einen größeren Betrag, wurde Ehrenmitglied des Fördervereins und Mitglied des Stiftungsrats. Auf viele Jahre! Ad multos annos!"

Lore v. Dobeneck (*1935) war Gymnasiallehrerin für Englisch und Französisch. 15 Jahre lang führte sie ein Schul-Patenschaftsprogramm für über 40 nepalesische Kinder durch.

2004 Zweites Wohnheim in Waging
Salzburger Straße

Eine erneute Erweiterung des Wohnangebotes der Lebenshilfe Traunstein erfolgte im Jahr 2004. Es ergab sich die Möglichkeit, ein ehemaliges Geschäftshaus mitten in Waging am See anzumieten. Es konnten acht attraktive Wohnplätze entstehen.
Insbesondere die ausgesprochen günstige Lage und die offene Art der Waginger Bevölkerung tragen dazu bei, dass sich die Bewohnerinnen und Bewohner dort zu Hause fühlen.

2004 Berufsbildungsbereich BBB

Im jahrelangen Umgang mit den Menschen mit geistiger Behinderung in den Werkstätten in Traunreut hatte sich gezeigt, dass ein eigenständiger Berufsbildungsbereich eine wesentliche Erleichterung für die Arbeit in den Gruppen darstellen könnte.
In diesem Sinn wurden zu Jahresbeginn 2004 innerhalb der Chiemgau-Lebenshilfe-Werkstätten in Traunreut die neu gebauten Räumlichkeiten des Berufsbildungsbereiches (BBB) eröffnet. Nach ihrer Schulzeit absolvieren Menschen mit Behinderung hier eine Phase der beruflichen Orientierung vor der eigentlichen betrieblichen Ausbildung. Dabei wird ein deutlicher Schwerpunkt auf **berufliche Inhalte** gelegt, ohne die **lebenspraktische Bildung als Grundlage einer gelungenen beruflichen und sozialen Integration** zu vernachlässigen.

Was soll ich nach dem Abschluss der Schule machen?
Diese Frage stellt sich natürlich auch Menschen mit Einschränkungen, denn jeder Mensch hat besondere Fähigkeiten, Vorlieben und Stärken. Um herauszufinden, wo die liegen, gibt es in den Chiemgau-Lebenshilfe-Werkstätten den **eigenständigen Berufsbildungsbereich**. Er hat nach dem Umzug von der Porsche-Straße in Traunreut in die Südwerkstatt in Traunstein eine neue Heimat gefunden. „Mit unseren 10 Teilnehmerinnen und Teilnehmern durften wir im September 2017 im neuen Berufsbildungsbereich einen sehr aufgeschlossenen und interessierten ersten Jahrgang begrüßen", freut sich **Ulrike Reitelshöfer, Gesamtleitung Pädagogischer Fachdienst** in den Chiemgau-Lebenshilfe-Werkstätten. Sowohl die Nordwerkstatt in Traunreut als auch die Südwerkstatt verfügt nun über eine eigenständige Ausbildungsstätte.
Der Berufsbildungsbereich ermöglicht außer Menschen mit Einschränkungen nach Ende der Schulzeit auch Quereinsteigern in fortgeschrittenem Alter vor dem Eintritt in die Werkstätten eine wichtige Orientierungsphase.

Diese Orientierungsphase besteht aus einem dreimonatigen Eingangsverfahren und in der Regel einer zweijährigen Ausbildungszeit. „Im Eingangsverfahren stehen das gegenseitige Kennenlernen sowie das zwanglose Ausloten der persönlichen Neigungen und Stärken im Vordergrund", erklärt Reitelshöfer beim Rundgang durch die hell und freundlich gestalteten Räume.

In den ersten Monaten zeigt sich schnell, ob der Berufsbildungsbereich überhaupt die geeignete Einrichtung ist, um die Menschen mit Behinderung möglichst effizient zu fördern. Fällt dann der Startschuss für die **zweijährige Ausbildung**, erstellen die beruflich wie pädagogisch qualifizierten Bildungsbegleiter in Absprache mit den Teilnehmern einen Eingliederungsplan. Der Schwerpunkt der täglichen Arbeit liegt von da an ganz klar darauf, berufliche Fähigkeiten zu vermitteln und zu trainieren. „Dafür holen wir uns in den benachbarten Werkstätten möglichst viele verschiedene Arbeiten und lernen die Produktionsschritte in Kleingruppen kennen", so Ulrike Reitelshöfer. Zudem gibt es im ersten Jahr nach einem festen Lehrplan ein **Kurssystem mit kreativen Angeboten und Fachunterricht**. Erfahrungen sammeln können die meist jüngeren Menschen in der eigenen Lehrküche oder in der Werkstatt.

Im zweiten Jahr der Ausbildung absolvieren die Teilnehmerinnen und Teilnehmer zwei bis drei **Praktika** in verschiedenen Arbeitsgruppen. In dieser Phase suchen sich die Menschen mit Behinderung dann ihren künftigen Arbeitsplatz aus. „In kompakten und gut verständlich aufgebauten Modulen vermitteln wir im Berufsbildungsbereich das nötige Rüstzeug, damit sich alle Teilnehmerinnen und Teilnehmer nach ihrer Ausbildungszeit in den Werkstätten zurechtfinden", unterstreicht Ulrike Reitelshöfer den Anspruch und geht noch einen Schritt weiter: „Dadurch, dass der Berufsbildungsbereich eine eigenständige, dem Eintritt in die Werkstätten vorgeschaltete Einrichtung ist, steht den Menschen mit Behinderung nach der zweijährigen Ausbildungsphase bei individueller Eignung natürlich auch der erste Arbeitsmarkt offen." (Quelle: Lebenshilfe *produktiv* 2017)

Neben der kontinuierlichen Vorbereitung auf den Übergang ins Berufsleben unternimmt der Berufsbildungsbereich jährlich auch Projekte. So wurden in der Gärtnerei in Großornach ein Foliengewächshaus, eine Hütte für Maschinen und ein Klettergerüst für Pflanzen errichtet.

Stefan Riedelsberger durchlief in jüngeren Jahren den Berufsbildungsbereich der Chiemgau-Lebenshilfe-Werkstätten und war dabei in verschiedenen Gewerken beschäftigt. Heute arbeitet Stefan Riedelsberger auf dem ersten Arbeitsmarkt im Inklusionsbetrieb Chiemgau-Kiste.

2005 Café Bistro Intreff

Im April 2005 begannen die Umbauarbeiten der Garagen des Wohnheims Traunstein in der Leonrodstraße, als ehemalige Pension Villa Härtl ein Begriff in Traunstein. Bereits im September desselben Jahres war die offizielle Einweihung des neuen Cafés. Der Betrieb konnte im Oktober starten. Um die Gestaltung des Gastraums im Intreff mit italienischem Flair kümmerte sich mit viel Liebe Eleonore Bantlin: Die Lasur der Wände, die Möbel, das Geschirr, die Tischgestaltung, die Aquarelle als Bilderschmuck und viele andere Details – alles harmoniert und schafft eine Atmosphäre, in der sich die Gäste wohlfühlen.

Die Planungen für das Café Bistro Intreff hatten bereits 2003 begonnen. Man darf vermuten, dass die Idee Peter Bantlin, 2005 Erster Vorsitzender der Lebenshilfe Traunstein, schon lange bewegte. Er kommt ursprünglich aus Reutlingen, wo die dortige Lebenshilfe ihr „Kaffeehäusle" bereits seit 1984 betreibt. Ein Besuch im „Kaffeehäusle" gab letztlich den Anstoß, in Traunstein das Café Bistro Intreff einzurichten.

Das Bild zeigt das Team des Café Bistro Intreff im Eröffnungsjahr 2005.

Mit dem überzeugenden Beispiel aus Reutlingen als Vorbild, richtete die Lebenshilfe Traunstein mit tatkräftiger Unterstützung ihrer Freunde und Förderer in der Leonrodstraße 4a in Traunstein das Café Bistro Intreff ein.

Damit gibt es nun seit Oktober 2005 auch in Traunstein eine Stätte der Begegnung, in der Integration beziehungsweise Inklusion selbstverständlich gelebt wird. Ein echtes Herzensanliegen konnte verwirklicht werden und damit das Ziel der Lebenshilfe Traunstein, das vielleicht am treffendsten unter das Motto **„Miteinander leben"** gestellt werden kann.

Übrigens ist das Kaffee von Anfang an rauchfrei und bietet bei geeignetem Wetter etliche Plätze im Freien sowie ausreichend Parkplätze.

Im Intreff zeigen Menschen mit geistiger Behinderung im täglichen Umgang, dass sie kein Mitleid, sondern Respekt vor ihrer Persönlichkeit und Leistung verdienen.

Das Intreff-Team bewirtet seine Gäste an sechs Tagen in der Woche. Von Montag bis Donnerstag gibt es zusätzlich zum Café-Betrieb täglich wechselnden Mittagstisch, grundsätzlich mit einem vegetarischen und einem Fleischgericht.

Von Anfang an als **gute Seele** des Café Bistro Intreff mit dabei ist **Christina Garreis**. Im Jahr 2005, als sie zur Lebenshilfe Traunstein kam, stellte sie fest:

„Meine Kinder sind erwachsen. Ein neuer Lebensabschnitt beginnt für mich. Ich kann wieder arbeiten gehen. Da ich immer gerne Menschen um mich habe, freue ich mich sehr auf diese Arbeit. Ganz besonders auf das Team, mit dem ich mich im Café Bistro Intreff der neuen Aufgabe stellen werde."

Christina Garreis und Maria Huber im Intreff   Peter Bantlin mit dem Plan für den Intreff

Auf die Frage, warum sie der Intreff so interessiert, antwortete Claudia Alia, Mitarbeiterin des Intreff vom ersten Tag an:
„Ich freue mich sehr darüber, dort arbeiten zu können. Das Café ist sehr schön eingerichtet. Die Arbeitszeit ist für mich sehr gut. Ich kann deswegen auch ein bisschen ausschlafen. Da lerne ich außerdem, wie man richtig bedient und auch kleine Mahlzeiten zubereitet. Und die Gäste, die von außerhalb kommen, sehen, was wir können und wie wir uns ihnen gegenüber verhalten. Freundlichsein ist das A und O."

Ihre Kollegin Judith Koschate äußerte sich so:
„Nach 19 Jahren in der Werkstatt möchte ich etwas anderes versuchen. Ich möchte andere Leute kennen lernen. Ich habe eine Ausbildung in der Hauswirtschaft gemacht."

Im Jahr 2007 wurde im angrenzenden Wohnheim eine Küche eingerichtet und damit der Versuch gestartet, einen kontinuierlichen Mittagstisch anzubieten.
Die Lage des Intreff – verschiedene Ämter und größere Büros befinden sich in unmittelbarer Nähe – erwies sich als optimal für die Gäste mit meist nur kurzer Mittagspause. Natürlich brauchte das bisherige Team Verstärkung. Der gelernte Koch Florian Gärtner sorgt seit 2009 mit täglich frisch zubereiteten Speisen für Abwechslung.
Aufgrund der gestiegenen Nachfrage beim Mittagstisch wurde die Küche 2010 erweitert.
Im Laufe der Jahre wurde das Team im Servicebereich durch Nadine Trautner und im Küchenbereich durch Gabriele Schweiberer sowie im Jahr 2017 durch Sabine Strasser vervollständigt.

Im Jahr 2020 wird das Café Bistro Intreff auf sein 15-jähriges Bestehen zurückblicken können.

Christina Garreis, Florian Gärtner, Maria Huber, Judith Koschate, Werner Lamminger, Gabriele Schweiberer, Claudia Alia, Sabine Strasser und Nadine Trautner (von links)

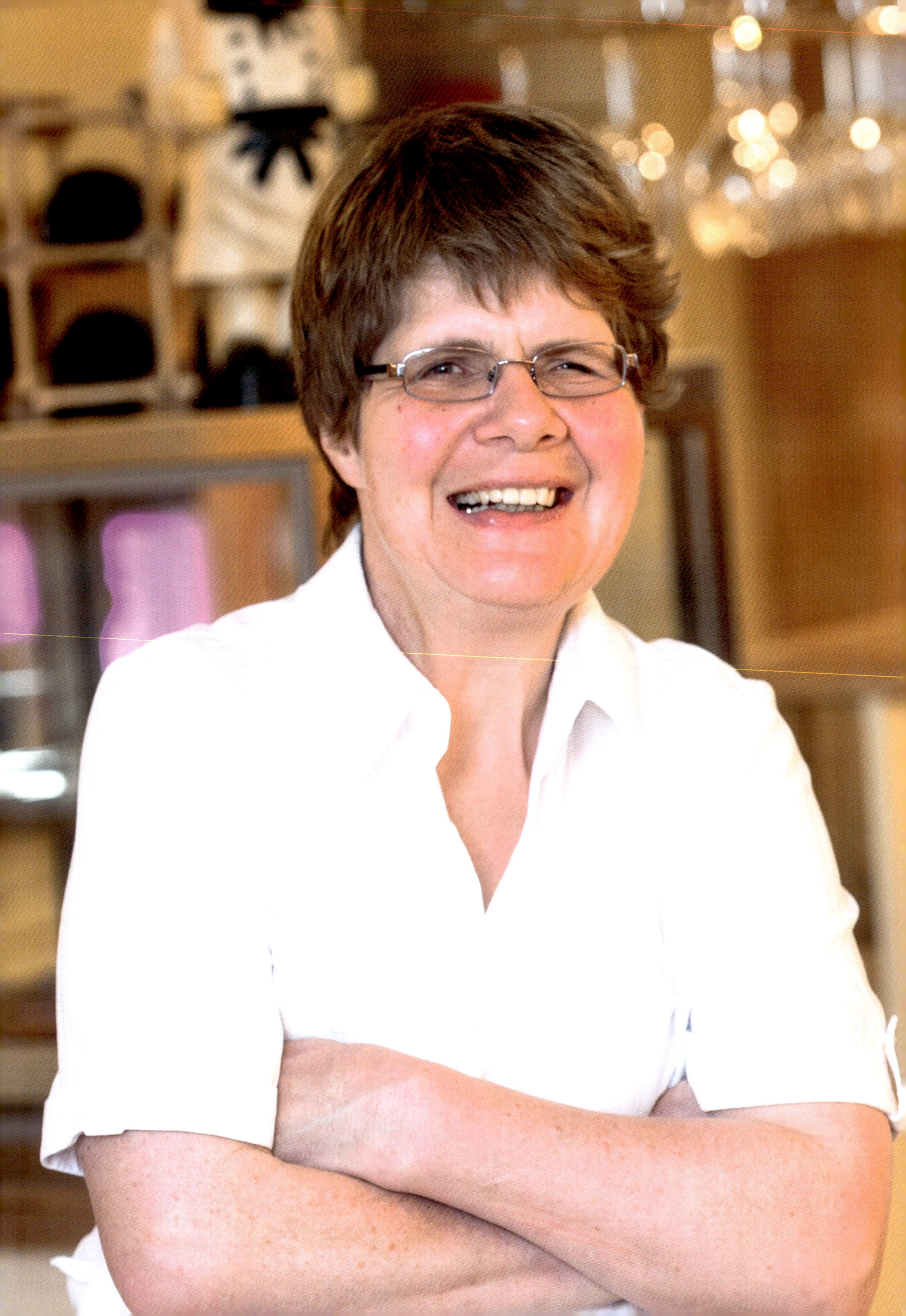

Maria Huber

Maria Huber gehört von Anfang an zum Team des Café Bistro Intreff. Zusammen mit ihren Kolleginnen sorgt sie Tag für Tag mit viel Engagement und Umsicht dafür, dass sich die Gäste im Intreff wohlfühlen können. Eher ungewohnt war es für Maria, in dieser ihr vertrauten Umgebung in einem Interview über ihr Leben zu erzählen.

Maria ist in Pittenhart geboren und wuchs dort als Zweitälteste zusammen mit zwei Schwestern und zwei Brüdern auf.
Aus ihrer Kindheit erinnert sie sich an ein nicht ganz ungefährliches besonderes Erlebnis mit gutem Ausgang: „Dahoam in Oberbrunn" ist sie mit ihrem Bruder zusammen im Goggomobil ausgefahren, während „d' Mam gekocht hat". Diese Fahrt endete abrupt an einem Hindernis, die wagemutigen „Rennfahrer" kamen ohne Schaden davon.
In Traunreut besuchte Maria die **Wilhelm-Löhe-Schule**, ihrer Erinnerung nach mit etwa zehn Mitschülerinnen und Mitschülern in ihrer Klasse. Nach ihrer Schulzeit arbeitete Maria knappe zwanzig Jahre lang zunächst in der Hauptstelle der **Chiemgau-Lebenshilfe-Werkstätten,** später auch in der Gärtnerei in Großornach. Im Jahr 2000 zog Maria ins Wohnheim in Großornach ein.

Die bedeutendste Weichenstellung für ihr weiteres Leben ergab sich für Maria 2005, als sie aus dem Wohnheim auszog, um in Altenmarkt im Rahmen des „Betreuten Wohnens" ihre ersten eigenen vier Wände zu beziehen und sich für das Team des Café Bistro Intreff bewarb.
Die Arbeit im Intreff macht Maria nach wie vor Freude – **„sigst ja neue Leut"** – und gibt ihr Zufriedenheit. Inzwischen wohnt sie nach ihrem berufsbedingten Umzug seit 2007 in Traunstein.

Neben der Arbeit nimmt Maria sich immer Zeit „auf d' Nacht" zu kochen, z.B. Cordon bleu oder Pfannkuchen. Salat, Obst und Quark gehören zu ihren Lieblingsspeisen. Hat sie mal zu viel gekocht, wird eingefroren. Ihren Urlaub verbringt Maria auf verschiedene Art, bucht zusammen mit einer Freundin eine Busreise ans Meer oder geht wandern. Ihre freie Zeit verbringt sie auch gern bei einem der Angebote der Offenen Behindertenarbeit, vom Kegeln bis zum Tanz in den Mai oder sie lässt sich bei einem Stadtspaziergang ein Eis schmecken.

Holzwerkstatt in Höhenstetten

2006–2017 Holzwerkstatt in Höhenstetten
Chiemgau-Lebenshilfe-Werkstätten

Aus Platzgründen wurde 2006 die Schreinerei der Chiemgau-Lebenshilfe-Werkstätten von Traunreut nach Höhenstetten bei Palling ausgelagert.
Die Schreinereitätigkeiten gehörten von Anfang an zu den originären Aufgabenfeldern der Chiemgau-Lebenshilfe-Werkstätten. Bereits 1979 gab es eine Schreinerei in der Hauptstelle der Werkstätten in Traunreut. Um das Leistungsspektrum im Holzbereich zu erweitern, wurden neue Räumlichkeiten gesucht. Durch die Anmietung einer aufgegebenen Schreinerei in Höhenstetten fand man dann letztendlich ideale Voraussetzungen dafür.

In dem Betrieb arbeiteten 34 Menschen mit Behinderung. Sie wurden begleitet von vier Gruppenleitern, zwei Produktionshelfern, einer Sozialpädagogin und dem Betriebsleiter. Die Holzwerkstatt, wie sie nach ihrem Umzug von Traunreut bezeichnet wurde, verstand sich als flexibler Partner sowohl bei der Beratung als auch bei der termingerechten Umsetzung der Wünsche ihrer Kunden. Das Leistungsspektrum erstreckte sich von Holzverpackungen, Fräsarbeiten und der Fertigung von Serienteilen über die Reparatur von Europaletten bis zu Produkten aus eigener Herstellung.

2016 Schreinerei in den Oderberger Werkstätten
Eine weitere Veränderung erfuhr der Bereich Holz im Jahr 2016.
Mit Fertigstellung der neuen Werkstätte in Oderberg wurde auch die vollständige Verlagerung der Schreinerei in ein nun hochmodernes Produktionsgebäude vollzogen.

Salzabfüllung in der Südwerkstatt in Traunstein

2007 Südwerkstatt in Traunstein
Chiemgau-Lebenshilfe-Werkstätten

Im Sommer 2007 ließ sich ein lang gehegter Plan erfüllen, für Menschen mit geistiger Behinderung aus dem südlichen Landkreis ortsnahe Arbeitsmöglichkeiten zu schaffen. Ein ehemaliges Möbelhaus in Haslach wurde zum Niedrigenergiehaus mit einem Lüftungssystem zur Wärmerückgewinnung umgebaut und zunächst von den Chiemgau-Lebenshilfe-Werkstätten angemietet, später erworben. Diese Südwerkstatt zeichnet sich aus durch günstige Verkehrsanbindung und Flexibilität in Produktion und Dienstleistung.
In der ersten Ausbaustufe arbeiteten hier 75 Menschen mit Behinderung. Ausgelegt ist die Südwerkstatt auf bis zu 190 Mitarbeiterinnen und Mitarbeiter. Zudem bereitet der Berufsbildungsbereich in der Südwerkstatt auf das Berufsleben vor.

Zum gegenwärtigen Zeitpunkt, also Ende 2019, arbeiten 125 Menschen mit Behinderung in zehn Arbeitsgruppen in der Südwerkstatt, im angegliederten Berufsbildungsbereich sowie in der Projektgruppe für seelisch erkrankte Menschen.

Der Schwerpunkt des Angebots der Südwerkstatt liegt im Verpackungsbereich, Portionieren und Abfüllen sowie Verpacken von Lebensmitteln.
Im Einzelnen sind das:
Beutel aus Schlauchfolie nach Kundenwunsch erstellen, Zubehör/Beutelbeipack bestücken, Konfektionieren aller Art nach Vorgabe, Montagetätigkeiten nach Kundenwunsch, Mischen und Abfüllen von rieselfähigen Lebensmitteln, Etikettieren von zylindrischen und flachen Gegenständen, Inkjetdruck, Versandfertigung und Lieferung.
Im Lebensmittelbereich unterliegt die Südwerkstatt der Öko-Kontrollstelle und ist biozertifiziert.

Anni Schuster
Mitarbeiterin seit 1976

Am 6. September 1976 hatte Anni Schuster (im Bild links) ihren ersten Arbeitstag als Mitarbeiterin bei der Lebenshilfe in der damaligen Werkstatt in Eisenärzt.
Sie wuchs in Siebenbürgen auf und kam mit ihrer Familie 1974 nach Traunreut. Direkt von der Schule weg ging sie als Praktikantin zur Lebenshilfe, es sollte eigentlich nur eine vorübergehende Beschäftigung sein. Eine Bekannte hatte ihr empfohlen, sich dort zu bewerben.
„Ich hatte keine Ahnung, was mich erwartet, und keinerlei Erfahrung im Umgang mit Menschen mit Behinderung", erzählt sie, denn in Siebenbürgen gab es keine vergleichbaren Einrichtungen. Gleich am allerersten Tag an der neuen Arbeitsstelle hatte die junge Anni ein Schlüsselerlebnis. Sie kam um 8 Uhr in die Einrichtung und traf auf eine Gruppe von Mitarbeitern. Als ein Betreuer unerwartet auf sie zukam, sie wortlos bei der Hand nahm und zur Toilette zog, bewältigte sie ungeplant ihre erste Bewährungsprobe. Sie half dem Mann beim Toilettengang ohne groß darüber nachzudenken und hatte damit auf Anhieb die Achtung ihrer Kollegen gewonnen. **„Von da an hatte ich bei denen einen Stein im Brett"**, erinnert sich Anni Schuster. Es dauerte auch nicht lange, da wusste sie, dass sie diese Arbeit weitermachen wollte. Nach einer Zusatzqualifizierung in Erlangen stand sie in Eisenärzt dem Werkstattleiter zur Seite.

Später kam sie in die Werkstätte nach Traunreut. Seit die Südwerkstatt in Traunstein besteht, ist ihr Arbeitsplatz dort, und sie ist für eine Gruppe von rund zwölf Betreuten zuständig. **„Es hat mich gereizt, beim Neuanfang in Haslach dabei zu sein und mitgestalten zu können"**, beschreibt sie ihre Motivation beim Wechsel. Dort traf sie dann wieder auf Beschäftigte, die sie aus der Zeit in Eisenärzt schon kannte.

Während der Begleitung der Menschen mit Behinderung im Tagesgeschehen der Werkstätte ist es für die 62-Jährige äußerst wichtig „so viel Unterstützung als nötig – so viel Hilfestellung als möglich" zu geben, um eine möglichst individuelle Begleitung zu gewährleisten. Dabei spielt die Berücksichtigung der persönlichen Nöte und Anliegen jedes einzelnen Beschäftigten eine große Rolle. Heute stellt Anni Schuster fest: **„Die Beschäftigten in meiner Gruppe sind nach so vielen Jahren wie eine zweite Familie für mich, sie gehören einfach zu mir."**

Der stabile Hintergrund ihrer eigenen Familie zuhause gibt ihr dabei immer wieder die Kraft, die sie für ihre Tätigkeit braucht und sorgt für den nötigen Ausgleich. In der Werkstattgruppe versucht Anni Schuster stets ein gutes Vorbild zu sein und hat immer ein offenes Ohr für ihre Schützlinge. Dabei will sie nicht „lehrerhaft" wirken, sondern sagt offen ihre eigene Meinung und gibt Empfehlungen. Eigentlich kam sie damals vor 42 Jahren zufällig zur Arbeit bei der Lebenshilfe. Heute sieht sie es so: „Aus Zufall wurde Herausforderung – aus Herausforderung wurde Berufung."

2007 Freundes- und Förderkreis
für die Lebenshilfe Traunstein

Auf Initiative von Herrn Dr. Alfred Pfeiffer, Industriemanager des VIAG-Konzerns (1932–2015), entstand 2007 der Freundes- und Förderkreis der Lebenshilfe Traunstein. Hauptziel ist die finanzielle Unterstützung der nicht regelfinanzierten Bereiche/Hilfen. Der Freundes- und Förderkreis bemüht sich um Gelder durch die Ausrichtung von Vorträgen und kulturellen Veranstaltungen.

Interview mit **Dr. Alfred Pfeiffer** aus Trostberg, Erster Vorstand des Fördervereins Freundes- und Förderkreis der Lebenshilfe Traunstein. Das Interview führte Friedrich M. Kirn für das Magazin Lebenshilfe *produktiv* im Herbst 2007

Lebenshilfe *produktiv*: Was hat Sie zur Gründung des Freundes- und Förderkreises der Lebenshilfe Traunstein e.V. bewogen?
Dr. Alfred Pfeiffer: Das Erlebnis vor Ort! Herr Bantlin führte mich durch eine der Einrichtungen der Lebenshilfe. Das geht unter die Haut. Und dann sein Bericht, wie man vieles besser machen könnte, wenn man nur etwas mehr Geld zur Verfügung hätte. Gleichzeitig habe ich die betreuenden Personen bewundert, deren Geduld, deren Engagement. Das sind ja alles „Helden ohne Degen".
Auf der Heimreise wurde mir klar: Wenn jeder, dem dieses harte Schicksal der Heimbewohner in der eigenen Familie erspart geblieben ist, auch nur ein Scherflein für diesen „Verein Lebenshilfe" übrig hätte, könnten ein paar wunderbare Akte der Nächstenliebe in die Tat umgesetzt werden.
Also: Ich fragte mal Herrn Bantlin und Herrn Alois Glück, ob ich einen Freundes- und Förderkreis für die Lebenshilfe ins Leben rufen soll. Spontane positive Reaktion dieser Herren und ebenso spontane Unterstützung seitens der circa 10 Freunde, die ich als Gründungsmitglieder gewinnen konnte.
Lebenshilfe *produktiv*: Was genau ist der Freundes- und Förderkreis?
Dr. Alfred Pfeiffer: Aus meiner Sicht: Eine relativ lose Vereinigung von Freunden, die mit persönlichem Rat oder mit eigener Mithilfe oder auf Grund ihres Netzwerkes und – so hoffe ich zuversichtlich – natürlich auch mit dem eigenen Portemonnaie ganz pragmatisch da mit einspringen, wo die Not am größten ist.

Ich denke also an Menschen, die beruflich durchaus erfolgreich sind, die aber keineswegs abgehoben haben, sondern sich den Bezug zur Realität im Umfeld der Mitmenschen erhalten haben. Menschen, die keine spektakulären Auftritte suchen, sondern in der eher etwas stillen bayerischen Art zeigen wollen, was Mitverantwortung, was Mitgefühl und was christliche Praxis bewegen könnten. Und das bei Menschen, die sozusagen unsere Nachbarn sind.

Der Freundes- und Förderkreis ist ein eingetragener Verein, hat in bescheidener Form Gremien und Kontrollorgane; alle arbeiten selbstverständlich ehrenamtlich. Das Finanzamt hat anerkannt, dass wir Spendenquittungen ausstellen dürfen. Der Vorstand besteht neben mir aus den Herren Bantlin, Notar Mehler und Bankdirektor Hofmann.

Lebenshilfe *produktiv*: Wie geht der Freundes- und Förderkreis vor?

Dr. Alfred Pfeiffer: Wir wollen Mittel herbeischaffen, die wir dem Verein Lebenshilfe Traunstein 1:1, also ohne jeden Spesenabzug, 100-prozentig zur Erfüllung zusätzlicher Aufgaben zur Verfügung stellen. Die Mittel sollen fließen aus laufenden Beiträgen, aus einmaligen Spenden, aus der Übernahme von Patenschaften, aus Benefizveranstaltungen, aus Namenswidmungen großer Therapiegeräte oder Gesellschafteranteilen an neuen Betreuungsstätten. Die bisherigen Gespräche haben mich sehr ermutigt. Ich erwähne hier nur, dass sich z.B. die Grassauer Blechbläser und das allseits bekannte Volksmusik-Ensemble Hans Berger (Salzburger Adventssingen!) zu Benefizkonzerten in Traunstein und Seeon spontan bereit erklärt haben.

Ich bitte jeden Interessenten, sich bei mir oder bei Herrn Bantlin zu melden, wenn er Lust verspürt, uns mit Rat und Tat zur Seite zu stehen. Übrigens: Kennen Sie die Geschichte des klugen Beichtvaters? Auf die Frage eines Sünders, ob eine beachtliche Spende an eine gemeinnützige Einrichtung ihm sichern würde, ins Himmelreich zu kommen, erhielt er die Antwort: „Garantieren kann dir das nicht einmal der Bischof. Aber: An deiner Stelle täte ich es einfach mal probieren."

Lebenshilfe *produktiv*: Welche konkreten Ziele verfolgt der Freundes- und Förderkreis?

Dr. Alfred Pfeiffer: Wir verstehen uns als Helfer des Vereins Lebenshilfe Traunstein. Dessen Vorstand sagt uns, wo und zu welchem Zweck Mittel dringend gebraucht werden. Herr Bantlin hat eine ganze Broschüre von „Brandstellen" zusammengestellt, wo „Feuerwehreinsätze" dringendst gebraucht werden. Wir sind, wie Notar Mehler in der Gründungsversammlung so schön formulierte, „auch **Anstifter zum Stiften**". Wenn ich Sie, liebe Leser und Zuhörer, mit meinen Worten vielleicht gar ein wenig „anstiften" konnte, und zwar zum Stiften für Menschen in echter Not – und das vor unserer Haustür – dann hätte sich mein Bemühen schon gelohnt. Vergelt's Gott!

Die elf Gründungsmitglieder des Fördervereins 2007 waren Peter Bantlin, Dr. Michael Elsen, Alois Glück, Franz Hofmann, Dr. med. Karl Landvogt, Georg Mehler, Dr. Alfred Pfeiffer, Meinolf Pousset, Dr. Heinrich Röck, Wilhelm Schiepek und Prof. Dr. Wilhelm Simson.

Mitglieder des Freundes- und Förderkreises mit Spendenscheck

Was lange währt …
Ambulant Betreutes Wohnen

Wie alle Bereiche innerhalb der Lebenshilfe Traunstein hat sich auch der Bereich der Wohnangebote ständig gewandelt. So wurden etwa jeweils dem wachsenden Bedarf entsprechend kontinuierlich neue Wohnmöglichkeiten in den verschiedenen Wohnheimen geschaffen. Insbesondere ist hier auch das Betreute Wohnen zu nennen, das seit Anfang der achtziger Jahre in verschiedenen, jeweils aktuellen Formen besteht.

Judith Koschate, heute noch Mitarbeiterin im Café Bistro Intreff, beschrieb in Lebenshilfe *produktiv*, dem Magazin der Lebenshilfe Traunstein, wie sie 2007 die Situation erlebte:
„Schon vor drei Jahren habe ich mich bei der Wohnschule angemeldet und dann den Wohnkurs besucht. Nach der Wohnschule habe ich die Bereichsleitung Wohnstättenverbund gefragt, ob ich in einer eigenen Wohnung leben könnte. Damals ging das aber nicht. Darüber war ich sehr enttäuscht. Denn ich hatte in der Wohnschule viele praktische Dinge gelernt und wollte unbedingt in eine eigene Wohnung. Als Elisabeth Hächer von den Offenen Hilfen dann vom Ambulant Unterstützten Wohnen erzählt hat, habe ich ihr gleich gesagt, dass ich schon drei Jahre warte. Über das lange Warten war ich so sauer und so aufgeregt, dass ich sogar geweint habe. Ich bin nämlich über 40 Jahre alt und wohne immer noch bei meinen Eltern. Meine Eltern sind auch nicht mehr die Jüngsten, meine Schwester lebt in ihrer eigenen Wohnung, und ich würde auch gerne auf eigenen Füßen stehen. Das traue ich mir zu. Ich habe überhaupt keine Angst, alleine zu wohnen, weil ich hier in Traunstein im Café Bistro Intreff arbeite und im Wohnheim in Traunstein Freunde habe. Ich koche gerne und mache auch gerne Hausarbeit. Außerdem hat mir Elisabeth Hächer erklärt, dass ich im Ambulant Unterstützten Wohnen dann Hilfe bekomme, wenn ich sie brauche. Jetzt suche ich in Traunstein eine eigene Wohnung. Das ist gar nicht einfach, weil ich nicht so viel Miete zahlen kann. Aber dabei helfen mir die Mitarbeiter der Lebenshilfe."

Inzwischen hat sich ihr Wunsch längst erfüllt und Judith Koschate lebt schon seit über zehn Jahren in ihren eigenen vier Wänden. Judiths damaliger Bericht zeigt, wie kompliziert sich der Bereich Wohnen für Menschen mit Behinderung zeitweise dargestellt hat und wie groß der Wunsch sein kann, selbstständig zu wohnen.
Der gesamte Bereich des Ambulant Betreuten Wohnens hat sich inzwischen kontinuierlich stark ausgeweitet, sodass immer mehr Menschen mit Behinderung die selbstständige Wohnform in ihren eigenen vier Wänden nutzen können.

2007 Eltern für Eltern

Eine Gruppe von Eltern mit Kindern mit Behinderung gründete 2007 die Initiative Eltern für Eltern. Die Mitglieder dieser Initiative kennen aus eigener Erfahrung die Situation von Eltern, die sich mit einer Entwicklungsverzögerung oder Behinderung ihres Kindes auseinandersetzen müssen. Oft fehlt dann die Kraft, sich Hilfe zu holen. Deshalb möchte Eltern für Eltern betroffene Familien, Väter und Mütter beratend unterstützen und begleiten. Verpflichtungen oder Kosten entstehen nicht. Die Schweigepflicht ist selbstverständlich.

Eltern für Eltern arbeitet zusammen mit der Lebenshilfe Traunstein. Auch die Beratungsstellen für Schwangerschaftsfragen Donum Vitae Traunstein und Freilassing sowie eine erfahrene Psychotherapeutin können auf Wunsch Ansprechpartner sein.

Eltern für Eltern

"Es ist normal, verschieden zu sein"
Richard von Weizsäcker

Titelseite des Infoblatts Eltern für Eltern

2007 Schädel-Hirn-Trauma-Gruppe
innerhalb der Chiemgau-Lebenshilfe-Werkstätten

In den Chiemgau-Lebenshilfe-Werkstätten in Traunreut wurde 2007 eine eigene Gruppe für Menschen mit Schädel-Hirn-Trauma (SHT) eingerichtet. Die dort beschäftigten Menschen können allmählich wieder in das Arbeitsleben integriert werden und vor allem für sich und ihre soziale Umwelt Perspektiven mit Zukunft finden. Dabei ist es eine besondere Herausforderung, dass die Menschen mit Schädel-Hirn-Trauma meist komplexe Einschränkungen erfahren haben, neben Beeinträchtigungen im kognitiven Bereich auch körperliche Folgen und seelische Verletzungen bewältigen müssen. Auf diesem schwierigen Weg kann ihnen ein breites therapeutisches Angebot ebenso helfen wie die Wiedereingliederung ins Arbeitsleben. Dafür sind die räumlichen und personellen Voraussetzungen in der Nordwerkstatt in Traunreut gegeben.

2007 Wohnheim in Seeon
Am Sportplatz

Im Jahr 2007 ergab sich für die Lebenshilfe Traunstein die Möglichkeit eines Neubaus für ein weiteres Wohnheim. Insbesondere sollte hier zusätzlicher Wohnraum für Menschen mit schweren und mehrfachen Behinderungen geschaffen werden. Dies war dringend notwendig geworden, weil die 30 Plätze, die am Berndlring in Altenmarkt im Jahr 1997 eingerichtet worden waren, nicht mehr ausreichten.
Das neue zweistöckige Gebäude in Seeon vergrößert das Wohnangebot der Lebenshilfe Traunstein um weitere 14 Plätze. Im Erdgeschoss entstand eine Sechsergruppe für Menschen mit schweren und mehrfachen Behinderungen. Im ersten Stock ist Raum für eine Achtergruppe von Menschen mit geistigen Behinderungen.
Zusammen mit dem Wohnheim, das im Jahr 1992 in der Werlinstraße mit 18 Plätzen in Betrieb ging, stehen somit 26 Plätze für Menschen mit einer geistigen Behinderung und sechs Plätze für Menschen mit schweren und mehrfachen Behinderungen zur Verfügung.

2008 Ein Film über die Lebenshilfe Traunstein

Während einer Sitzung des Freundes- und Förderkreises der Lebenshilfe Traunstein regte Professor Dr. Wilhelm Simson die Produktion eines Kurzfilms über die Lebenshilfe, ihre Angebote für die Menschen im Chiemgau und das Leben in den Einrichtungen der Lebenshilfe an.
Diesen Vorschlag verwirklichte Wilhelm Johannsen, der durch unterschiedliche Video- und Filmprojekte bekannt ist. So entstand ein elfminütiger Kurzfilm über die Lebenshilfe Traunstein.

Der Filmemacher verzichtete auf Honorar, sodass zu äußerst geringen Kosten ein eindrucksvoller Überblick über die verschiedenen Bereiche der Lebenshilfe gedreht werden konnte.
Szenen aus der Förderstätte Altenmarkt, von der Kurzzeitpflege, aus den Chiemgau-Lebenshilfe-Werkstätten oder dem Seniorenbereich TANGO vermitteln einen realistischen Eindruck vom Leben in und mit der Lebenshilfe Traunstein.

Nur drei Jahre nach Erscheinen des Lebenshilfe-Films drehte Wilhelm Johannsen eine **aktualisierte Fassung** von über 20 Minuten Länge. Damit sorgte er bereits zum zweiten Mal dafür, Menschen und Einrichtungen der Lebenshilfe Traunstein ins Bild zu setzen.
Inzwischen ist dieser Film für jedermann im Internet auf der Plattform von YouTube jederzeit zu sehen.

2008 Namensänderung des Vereins
Lebenshilfe für Menschen mit geistiger Behinderung Kreisvereinigung Traunstein e.V.

Im Jahr 2008 gab sich die 1969 gegründete Kreisvereinigung „Lebenshilfe für das geistig behinderte Kind" ihren neuen Namen „Lebenshilfe für Menschen mit geistiger Behinderung Kreisvereinigung Traunstein e.V."
Damit trägt die Lebenshilfe der Tatsache Rechnung, dass es richtig und angemessen ist, von Menschen mit Behinderung zu sprechen, anstatt „Behinderte" bereits durch diesen Begriff nur auf ihre Behinderung abzielend zu bezeichnen.

Die Kreisvereinigung „Lebenshilfe für Menschen mit geistiger Behinderung" aus Angehörigen und Förderern sorgt heute und weiterhin für die Integration von Menschen mit Behinderung und sieht als wichtigstes Ziel deren Teilhabe am gesellschaftlichen Leben.
Die jüngste allgemein gebräuchliche Formulierung dieses Ziels heißt Inklusion. Vielleicht ist es, jenseits aller wechselnden Fachbegriffe wie Integration und Inklusion oder Teilhabe, am schlüssigsten, **„miteinander leben"** als Vorsatz in den Blick zu nehmen.

Angesichts der vielen Aufgaben und der hohen Verantwortung ist es selbstverständlich, dass die Lebenshilfe Traunstein weiterhin ständig neue Mitglieder braucht. Dabei geht es einerseits um die regelmäßige Zuwendung durch den Mitgliedsbeitrag, zum anderen ist es wichtig, dass sich möglichst viele Menschen als Mitglieder engagieren, um auch ideell die Arbeit der Lebenshilfe in unserem Landkreis zu unterstützen und sie im Bewusstsein der Mitbürgerinnen und Mitbürger präsent zu halten.

Zum Kreis der Menschen, die sich mitverantwortlich zeigen, gehören natürlich nicht nur die Vereinsmitglieder, sondern auch diejenigen, die mit Spenden helfen, diejenigen, die als Kunden Werkstätten-Produkte erwerben und die Gäste im Café Bistro Intreff sowie alle, die kulturelle Veranstaltungen der Lebenshilfe besuchen.
Ganz besonders erwähnt werden müssen hier schließlich alle ehrenamtlich Engagierten, heutzutage auch „Aktivbürger" genannt. Sie bringen sich mit ihrer Persönlichkeit und Arbeitskraft ein, geben ihre Zeit und investieren Ideen, Elan und wichtige Lebenserfahrungen.
Die „Ehrenamtlichen" sind aus den vielen Bereichen, in denen sie bei der Lebenshilfe mitwirken und mitgestalten, nicht wegzudenken.

Der Verein
– aus Angehörigen und Förderern –
sorgt für die Integration von Menschen mit Behinderung
und ihre Teilhabe am gesellschaftlichen Leben.

Geschäftsführung in Lebenshilfe und Werkstätten

„Auf Umwegen. So wie das im Leben ja eher typisch als untypisch ist", antwortete Josef Binder auf die Frage von Lebenshilfe *produktiv* anlässlich seines Abschieds 2008 nach über 25 Jahren, wie er als gelernter Betriebswirt zur Lebenshilfe Traunstein kam.

Am 1. Oktober 1982 begann Josef Binder seine Tätigkeit als Verwaltungsleiter. Er erinnert sich: „Gemeinsam mit der pädagogischen Leiterin, Beatrice Funk, machte ich im Gut Pertenstein meine ersten Erfahrungen und übernahm schon sehr bald faktisch die Funktion des Geschäftsführers, da die damalige Geschäftsführerin des Vereins, Ingrid Szeklinski, in Mutterschaftsurlaub war. Die Zusammenarbeit mit meiner Vorgängerin war sehr gut, und viele ihrer Ideen kamen im Laufe meiner beruflichen Tätigkeit zum Tragen. Nur um dem Leser nochmals die Größenordnungen vor Augen zu führen: Die Lebenshilfe Traunstein hatte 1982 nur 25 Mitarbeiter, eine Tagesstätte für rund 25 Kinder und 19 Wohnplätze in Waging und St. Georgen."

„Die Angebote der Lebenshilfe Traunstein können sich sehen lassen, und die Verwaltung ist eine schlanke und ausgesprochen effiziente Organisation. Die zur Verfügung stehenden Mittel versickern also nicht in einer aufgeblähten Struktur", zieht Josef Binder sein Fazit und wünscht sich für die Zukunft: „Ganz einfach: Dass die Standards, die wir über Jahrzehnte für Menschen mit Behinderung erkämpft haben, nicht in Frage gestellt werden. Die Gesellschaft muss sich daran messen lassen, wie sie mit ihren schwächsten Mitgliedern umgeht. Diesen Standpunkt müssen wir besonders als Mitarbeiter der Lebenshilfe offensiv vertreten." (Quelle: Lebenshilfe *produktiv* 2008)

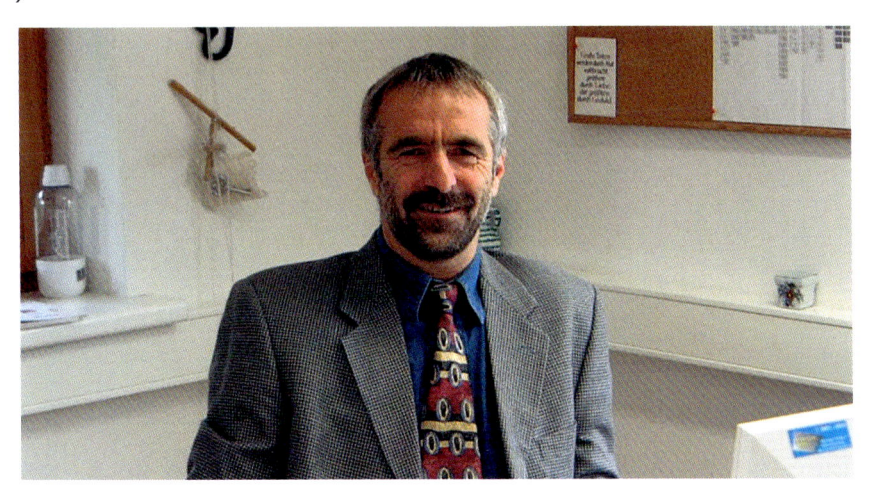

Josef Binder war in der fünfzigjährigen Geschichte der Lebenshilfe Traunstein der Geschäftsführer mit der längsten Dienstzeit. Vor ihm waren für die Lebenshilfe Traunstein Herbert Hannß von 1969–1972 und Ingrid Szeklinski von 1972–1992 in der Geschäftführung tätig. Seit 2008 ist Annemarie Funke Geschäftsführerin der Lebenshilfe Traunstein.

Die ersten Werkstätten, Eisenärzt und Oberweißenkirchen, waren organisatorisch beim Verein angegliedert. Ab 1975 wurden diese Werkstätten, aufgrund einer Auflage der Regierung von Oberbayern, als eigenständige GmbH geführt.

Der erste Geschäftsführer der Werkstätten war von 1975–1981 Paul Schaller. Nach ihm folgten Dr. Otto Knecht 1977–1978, Hubert Tita 1981–1998, Wolfgang Walter Kojer 1998–2002 und Wolfgang Enderle 2002–2014. Seit 2014 ist Dr. Jens Maceiczyk Geschäftsführer der Chiemgau-Lebenshilfe-Werkstätten.

2009 Vierzig Jahre Lebenshilfe Traunstein e.V.

Anlässlich des 40jährigen-Jubiläums erinnerte sich Dr. Lorenz Amann, der Ehrenvorsitzende der Lebenshilfe Traunstein: „Da waren mehrere Eltern im Landkreis Traunstein, die ein Kind mit geistiger Behinderung hatten und sich um dessen weitere Betreuung und Förderung schwere Sorgen machten. Damals galt in der Gesellschaft eine geistige Behinderung weitgehend noch als Mangel. Diese Situation beeinträchtigte den offenen Umgang der Eltern behinderter Kinder mit ihrem besonderen Familienschicksal. Kontakte zwischen betroffenen Familien und die maßgebliche Initiative der Eltern Hannß/Szeklinski führten dann im Herbst 1969 zur Gründung der Lebenshilfe Kreisvereinigung Traunstein e.V., zu deren Gründungsvorsitzendem ich damals gewählt wurde. Nur der Zusammenschluss möglichst vieler Eltern behinderter Kinder und der Weg heraus aus der persönlichen Familiensituation in die Öffentlichkeit, in das allgemeine Bewusstsein, versprachen praktische Hilfe.

Wenn ich nach 40 Jahren im Landkreis Traunstein zurückblicke, so stelle ich fest: Der ‚Startschuss 1969' ist sicherlich Anlass zum Feiern. Er sollte aber auch nicht überbewertet werden. Geradezu überlebenswichtig für eine **ehrenamtliche Selbsthilfeorganisation** wie die Lebenshilfe ist deren langfristige Etablierung und Entwicklung. Letztere ist rasant verlaufen, wenn die Einrichtungen der Gründerjahre (z.B. Heilpädagogische Tagesstätte in Pertenstein 1971, Beschützende Werkstätten in Eisenärzt 1972 und Oberweißenkirchen 1973, Hort für behinderte Schulkinder in Vachendorf 1974) mit der heutigen umfassenden sozialen Infrastruktur für Behinderte verglichen werden.

Initiative und Idealismus allein hätten auch vor 40 Jahren nicht gereicht; ohne vielfältige Unterstützung wären wir ‚aufgeschmissen' gewesen; und so bin ich heute noch dankbar für die Helfer der ersten Stunde, z.B. Altlandrat Leonhard Schmucker, Landtagspräsident a.D. Alois Glück und Robert Gaßner. Mit nachhaltiger Tatkraft des langjährigen Ersten Vorsitzenden Peter Bantlin und wiederum wichtiger Hilfe z.B. durch Altlandrat Jakob Strobl und den jetzigen Landrat Hermann Steinmaßl kann die Lebenshilfe Traunstein e.V. ihr 40-jähriges Jubiläum feiern:
Ab 40 kommt man ja bekanntlich in die besten Jahre!"

Feier zum 40-jährigen Jubiläum der Lebenshilfe Traunstein im Rathaus

Der Kinderarzt Dr. Lorenz Amann (1922–2011) aus Ruhpolding hatte über seine Arbeit Kontakt zu Familien, die für ihre Kinder mit Behinderung Hilfe suchten. Er war von 1969 bis 1982 der Erste Vorsitzende der Lebenshilfe Kreisvereinigung Traunstein.

Spender

Innerhalb des 50-jährigen Bestehens der Lebenshilfe Traunstein hat jede einzelne Spende, ob klein oder groß, einen wichtigen Beitrag zu ihrer Entwicklung geleistet. Es ist nicht möglich, alle Menschen einzeln zu nennen, die mit ihrer Großzügigkeit geholfen haben. Die auf diesen Seiten genannten Beispiele mögen stellvertretend für das jahrzehntelange großartige Engagement vieler Einzelner, Gruppen und Organisationen stehen. Zu den treuen Dauerspendern zählt die Kreissparkasse Traunstein-Trostberg.

Überraschende anonyme Spende
Am Samstag, 14. Oktober 2011, besuchte eine ältere Dame das Café Bistro Intreff in Traunstein. Sie hatte neben einem Eimer Birnen noch ein Kuvert dabei und sagte zu Christina Garreis, Intreff-Mitarbeiterin, sie dürfe das Kuvert erst öffnen, wenn sie das Café wieder verlassen habe. Als Christina Garreis das Kuvert öffnete, fand sie darin 1.000 €.
Auf dem Kuvert stand handschriftlich: **„Je die Hälfte für die andere Lebenshilfe beim Dehner und öffnen, wenn ich weg bin"** (gemeint waren die Südwerkstatt der Chiemgau-Lebenshilfe-Werkstätten und die Lebenshilfe Traunstein).
Stellvertretend für die Beschäftigten der Südwerkstatt nahm Andreas Galla die Spende entgegen. Die andere Hälfte der Geldspende ging an die Seniorengruppe der Lebenshilfe in Traunreut. Birgit Perschl, damals Betreuerin der Seniorengruppe, nahm sie entgegen.
Diese Chronik macht es endlich möglich, der anonymen Spenderin an dieser Stelle herzlichst zu danken.

Auszubildende der Firma Kreiller spenden an die Lebenshilfe
Die Lebenshilfe Traunstein konnte schon oft willkommene Spenden entgegennehmen.
Elf Kreiller-Auszubildende im dritten Lehrjahr dachten sich für die Truna etwas Besonderes aus. Sie stellten ein Glücksrad auf, an dem jeder Besucher etwas gewinnen konnte. Den dabei eingenommenen Betrag rundete die Firma Kreiller auf eine glatte Summe auf und der Spendenscheck wurde an die Lebenshilfe Traunstein übergeben. Das Geld soll Sportlern mit geistiger Behinderung zugute kommen, die damit einen Teil ihrer Kosten bei der Teilnahme an den Special Olympics bestreiten können.

DR. JOHANNES HEIDENHAIN STIFTUNG GmbH

Dr. Johannes Heidenhain gründete am 29. Juni 1970 die nach ihm benannte Stiftung.
Ein Ziel dieser Stiftung ist, aus den Erträgen des Unternehmens gemeinnützige und soziale Institutionen in der Region, insbesondere für Menschen mit Behinderungen, zu fördern.
Ein in der eigenen Familie täglich erlebtes Beispiel – eine zeitlebens behinderte Schwester – bewog Dr. Johannes Heidenhain, sich in größerem Rahmen für Menschen mit Behinderungen einzusetzen.
Die Lebenshilfe Traunstein hat über die Jahre immer wieder Projekte mit der Unterstützung der DR. JOHANNES HEIDENHAIN STIFTUNG GmbH verwirklichen können.

2010 Erweiterung Kurzzeitpflege

Im Jahr 2010 erfolgte mit einem **Anbau an die bestehenden Räumlichkeiten** der Kurzzeitpflege die Erweiterung auf nunmehr Platz für 17 Gäste in neun Einzel- und vier Doppelzimmern, die rollstuhlgerecht und barrierefrei sind. Dazu kommen Ess-, Wohn- und Aufenthaltsbereiche sowie behindertengerechte Sanitäranlagen.
Zum Haus gehören Außenanlagen mit Garten- und Terrassenflächen mit vielen Spielmöglichkeiten für Jung und Alt sowie Beschäftigungsräume.

2011 Neubau TANGO

Tagesstrukturierende Maßnahmen – TANGO
Unmittelbar neben Haus Pertenstein konnte 2011 der **Neubau** eröffnet werden. Seniorinnen und Senioren finden in den behindertengerechten, hell gestalteten Räumen und Außenanlagen einen idealen Ort für Aktivitäten und Gelegenheit zum Ausruhen. Es ist Platz für bis zu 30 Personen. Die zwei Gruppenräume verfügen über eine Küche und zwei angrenzende Räume. Therapieräume werden für Gymnastik oder Entspannung genutzt. Auch ein Ruheraum steht zur Verfügung.
TANGO bietet vielfältige Beschäftigungsangebote und Anregungen, um den Menschen Fähigkeiten möglichst zu erhalten, Abbauprozesse zu verhindern oder zu verlangsamen.
Spielen, Singen, Malen, Kochen, Basteln und anderes mehr stehen auf dem Programm. Dabei planen die Mitarbeiterinnen und Mitarbeiter die Angebote immer gemeinsam mit den Seniorinnen und Senioren und nehmen auf deren individuelle Wünsche und Bedürfnisse Rücksicht.

Anbau Kurzzeitpflege in Traunreut

2012 Konduktive Therapie nach Petö

Die Konduktive Therapie nach Petö ist eine umfassende Methode, um Bewegungsstörungen zu behandeln. Sie ist darüber hinaus ein pädagogisches Konzept, bei dem Menschen mit Behinderung oder motorischen Störungen gemeinsam in einer Gruppe lernen und gefördert werden.
Cerebrale Bewegungsstörungen hindern viele Menschen mit Behinderung im Alltag, aber dank einer gezielten Förderung nach Petö werden motorische Abläufe neu erlernt und verbessert. Es wird angenommen, dass durch die Schädigung des zentralen Nervensystems eine Bewegungsstörung nicht unbedingt irreversibel ist, sondern durch Lernen der Bewegungsabläufe das Hindernis überwunden werden kann.

Zoltánne Szendrei, Konduktorin bei der Lebenshilfe Traunstein und bei den Chiemgau-Lebenshilfe-Werkstätten hat im Petö-Institut in Budapest die Ausbildung zur Konduktorin gemacht.
Sie beschreibt ihre Aufgabe folgendermaßen: „Die Aufgabe der Konduktoren besteht darin, Menschen in der Förderung zu leiten und zielgerichtet zu führen. Ganz individuelle Ziele werden gesetzt, und der Konduktor hilft, diese Ziele zu erreichen. So entsteht im Alltag eine sehr komplexe und ganzheitliche Zusammenarbeit, die auch auf die ganz persönliche Tagesform oder auf Ruhebedürfnis Rücksicht nimmt. Kurz: Konduktoren leisten Lebenshilfe.
Wichtig ist, dass Konduktive Förderung von allen Beteiligten wirklich gelebt wird und auch kleine Fortschritte Anerkennung finden. Unsere Arbeit erfordert Einfühlungsvermögen und die Fähigkeit zur Interaktion mit den betreuten Menschen und den Kollegen."

2013 Neubau in Altenmarkt
Neues Gebäude für weitere Förderstätten- und Wohnheimplätze

Der Neubau in Altenmarkt stellt für die **Förderstätte** nach der Erweiterung 2004 bereits die zweite Erweiterung in nicht einmal 10 Jahren dar.
Im Erdgeschoss des neuen Gebäudes gibt es nun Raum für zwei neue Gruppen von jeweils sechs Menschen.
In den Obergeschossen des Neubaus entstanden 14 Wohnplätze für Menschen mit schweren und mehrfachen Behinderungen.

Die Lebenshilfe Traunstein bietet nun insgesamt am Standort Altenmarkt 44 Wohnplätze für Menschen mit schweren und mehrfachen Behinderungen, eine bemerkenswerte Erweiterung zu den 30 Plätzen, die ja bereits zur Verfügung standen, seit im Jahr 1997 das erste Wohnheim dort eröffnet wurde.

Im nördlichen Landkreis gibt es damit aktuell, zusammen mit den sechs Plätzen für Menschen mit schweren und mehrfachen Behinderungen, die seit der Eröffnung des Wohnheims in Seeon im Jahr 2007 dort integriert sind, insgesamt 50 Plätze.

In der neuen Förderstätte

2013 Wohnheim für Senioren in Traunreut
Pallinger Straße 5

Nach gut einjähriger Bauzeit entstand 2013 in Traunreut der **Neubau** eines zweigeschossigen Wohngebäudes für zwei Wohngruppen von je acht Personen. Ihr Zuhause finden hier Seniorinnen und Senioren mit geistiger Behinderung.

Dieses neue Domizil liegt in ruhiger Stadtrandlage, hat einen Garten und bietet durch seine unmittelbare Nähe zum Gebäude für die Tagesbetreuung für Senioren (TANGO) optimale Bedingungen. Auch an die Mobilität ist gedacht, denn für Einkäufe, Arztbesuche und Freizeitfahrten stehen geeignete Fahrzeuge zur Verfügung.

Da auch Menschen mit einer geistigen Behinderung mit zunehmendem Alter von Demenz betroffen werden können, ist dem neuen Wohnheim ein Demenzgarten als großflächiger Ruhebereich angegliedert worden. Mit seiner besonderen Gestaltung kann er als wesentliche Ergänzung zum eigentlichen Wohnbereich und zu den Möglichkeiten dienen, welche TANGO bereits zur Verfügung hat.

Dieses neue Wohnheim für Senioren schließt erfolgreich eine **jahrzehntelange Entwicklung** ab. Bereits seit 2001 gab es – zunächst als Provisorien begonnen – Gruppenräume an verschiedenen Standorten, um für Seniorinnen und Senioren tagesstrukturierende Hilfen zur Verfügung zu stellen.

Über die gesamte Zeit der Entwicklung der Lebenshilfe Traunstein war deutlich, dass für die Menschen mit Behinderungen, die wie die Bevölkerung überhaupt erfreulicherweise ein zunehmend höheres Alter erreichen, angemessene Wohnmöglichkeiten für das Alter geschaffen werden mussten.

Nicht unerwähnt darf bleiben, dass die Lebenshilfe Traunstein zusätzlich zu den jetzt vorhandenen Wohnheimplätzen für Senioren in Traunreut auch an schon bestehenden Standorten Möglichkeiten geschaffen hat, dass die betreuten Menschen dort im Alter adäquat wohnen bleiben können.

Erstes Wohnheim für Senioren in Traunreut

Rosa Oberleitner

Mein herz hat keine ruhe.
Ich möchte ruhe.
Dinge die mir am herzen liegen werden weggeschmissen.
Als ich klein war, war das nicht so.
Aber seit ich arbeite ist es immer so.
Mein schal war von mutti – daheim – ist weg.
Geschenke die mir ans herz gewachsen sind.
Meine sachen sind meine liebe.
Erinnerungen.
zerstört.
Es ist schwer.
Was mache ich allein?
Für mich ist ruhe liebe –
Menschen die mir und mich lassen.
Die mein herz verstehen.
Sind liebe.

Rosa Oberleitner

Das Gedicht schrieb Rosa Oberleitner, geboren 1943, anlässlich eines Literaturwettbewerbs.
Rosa Oberleitner besuchte als Kind eine Gehörlosenschule in München. Danach arbeitete sie als Küchenhilfe in einer Lungenheilanstalt in Ruhpolding, wechselte später in die Werkstatt und das Wohnheim der Lebenshilfe Traunstein.
Seit 2003 ist Rosa Oberleitner in Rente und besucht tagsüber die Gruppe TANGO. Rosa ist künstlerisch sehr begabt. Sie malt, schreibt und knüpft gern.

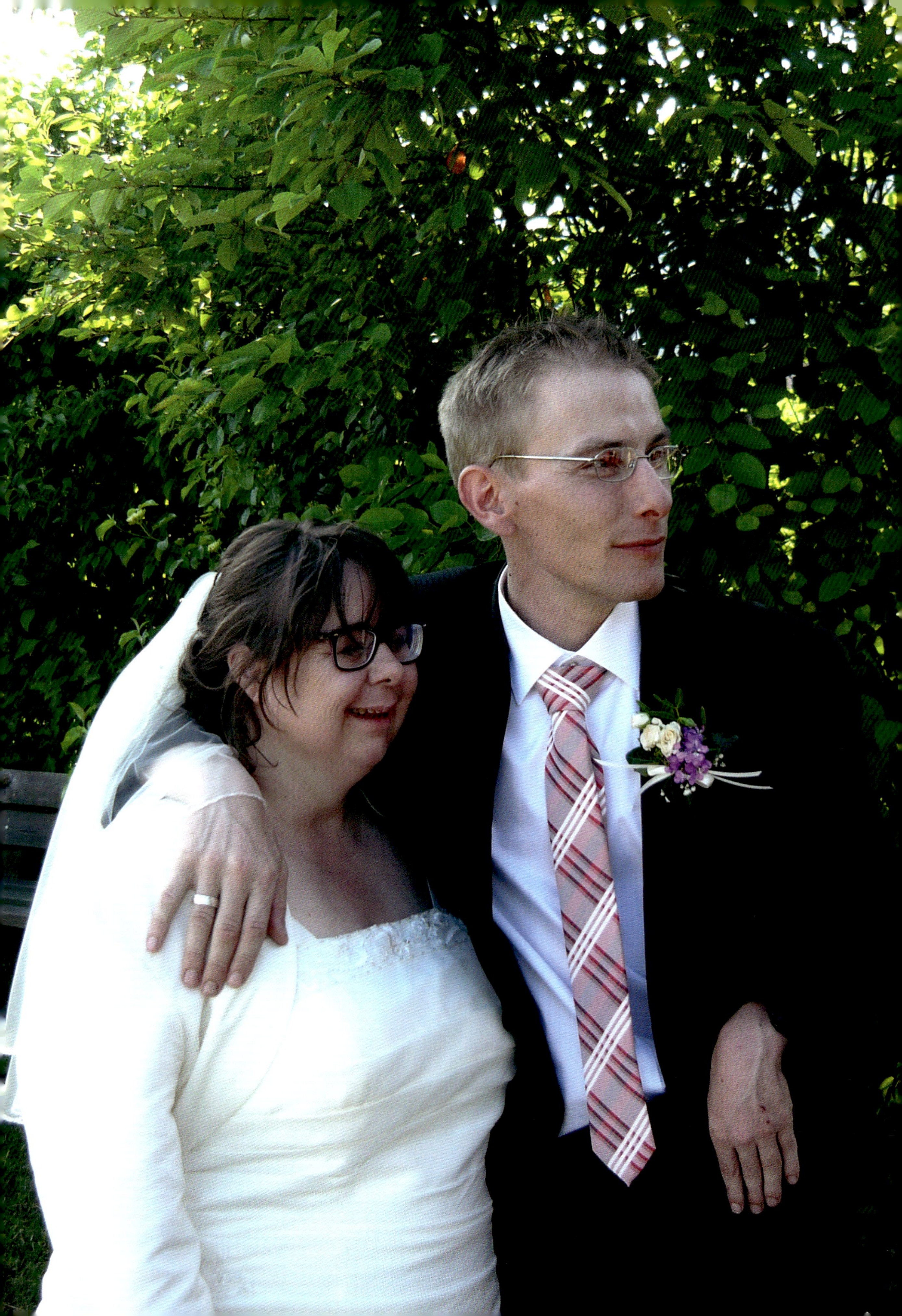

Die schönsten Geschichten schreibt das Leben

An einem schönen, sonnigen Tag im Juni 2014 gaben sich Nicole Gress und Christian Zach in Reit im Winkl das Jawort.
Auf die Frage, wie lange sie denn schon beieinander sind, antwortet Christian Zach prompt:
„Seit 25 Jahren – ganz genau kamen wir am 4. November 1994 zusammen."

Kennen und lieben gelernt haben sich die beiden im Wohnheim der Lebenshilfe in Traunreut, wo Nicole in Gruppe 2, Christian in Gruppe 3 wohnte. Vorher lebte Nicole zunächst im Wohnheim Haus Pertenstein, später zog sie dann um ins Wohnheim nach Traunstein.
Christian wohnte zuletzt im Wohnheim Oderberg und zog aufgrund einer beruflichen Veränderung – beide arbeiten jetzt in der Südwerkstatt in Traunstein – ins Wohnheim nach Traunstein.

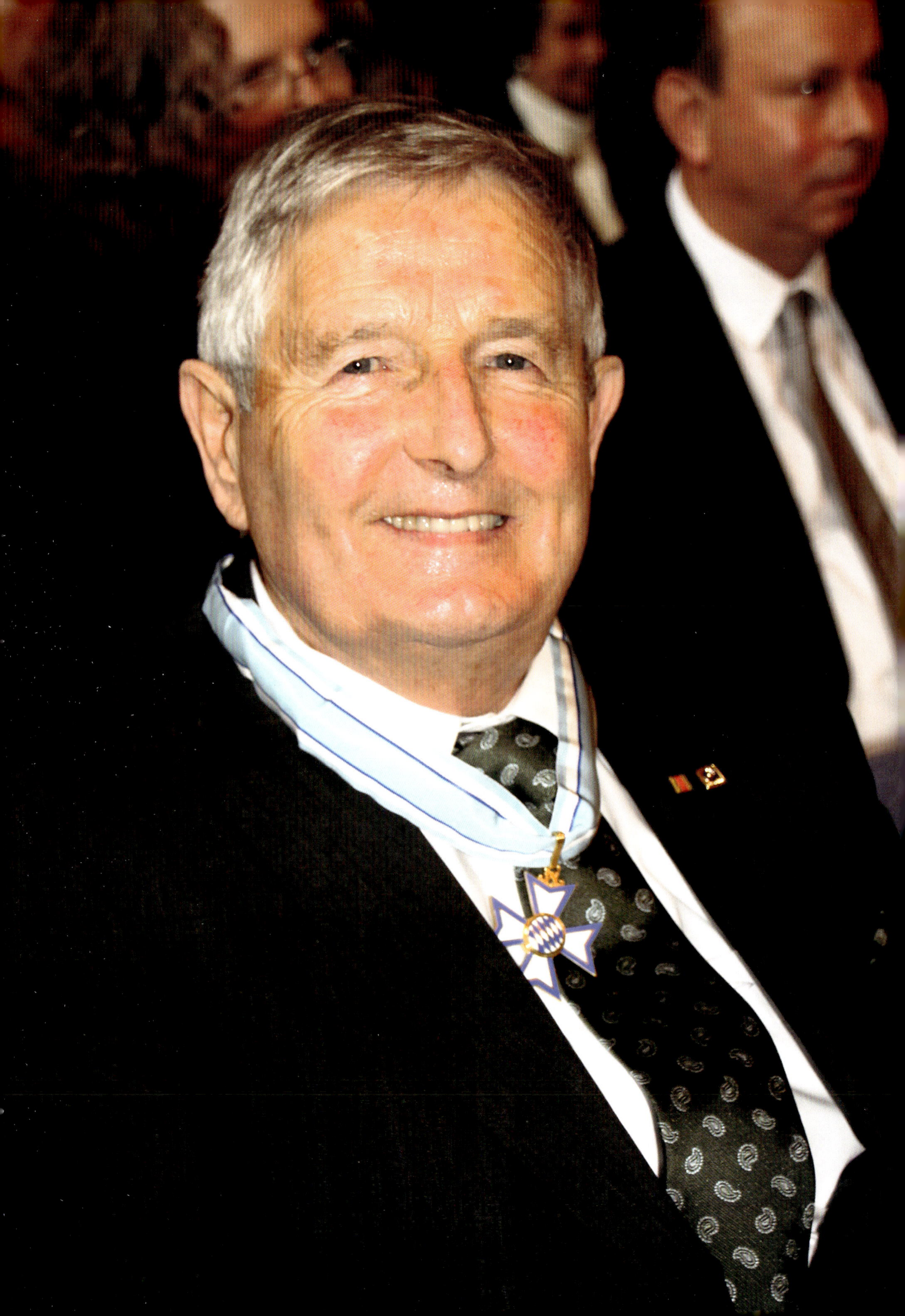

Bayerischer Verdienstorden für Peter Bantlin

Der Bayerische Verdienstorden ist eine besondere Auszeichnung, da ihn immer nur 2000 Menschen tragen. Im Jahr 2014 gehörte Peter Bantlin, Ehrenvorsitzender der Lebenshilfe Traunstein, zu den so Ausgezeichneten.
„Bayern lebt durch das Engagement seiner Menschen. Unseren engagierten Mitbürgerinnen und Mitbürgern ist es zu verdanken, dass Bayern nicht nur wirtschaftlich an der Spitze steht, sondern lebens- und liebenswerte Heimat ist", sagte Horst Seehofer, damals Ministerpräsident, bei der Feierstunde in der Münchner Residenz.
In seiner Laudatio lobte Horst Seehofer Peter Bantlin für sein großes Engagement für Menschen mit Behinderungen. Zusammen mit engagierten Mitstreitern habe er sehr viel Positives bewirkt – sowohl in Traunreut als auch im Landkreis Traunstein und darüber hinaus. Dank Peter Bantlins über mehr als drei Jahrzehnte dauernden Engagements habe sich die Kreisvereinigung Lebenshilfe Traunstein zur drittgrößten in Bayern entwickelt. Sein ehrenamtlicher Einsatz für Menschen mit Behinderung habe Vorbildfunktion für gelebte Nächstenliebe in unserer Gesellschaft. Sein Ideenreichtum und seine Hartnäckigkeit seien treibende Kraft für die Verwirklichung wegweisender Projekte. (Quelle: *Traunsteiner Tagblatt*, 18. Dezember 2014)

Im Laufe seines langjährigen Einsatzes für die Lebenshilfe Traunstein erhielt Peter Bantlin von verschiedenen Institutionen immer wieder Auszeichnungen. Dazu gehören: Bundesverdienstkreuz, Ehrennadel der Bundesvereinigung Lebenshilfe in Silber, Bayerische Verfassungsmedaille in Silber, Bayerische Staatsmedaille für soziale Verdienste, Ehrennadel der Bundesvereinigung in Gold, Medaille der Stadt Traunreut.

2013 Das Ende einer Ära

Im Jahr 2013 ging für die Lebenshilfe Traunstein eine Ära zu Ende.
Peter Bantlin, von 1979 bis 1982 Zweiter Vorsitzender und von 1982 bis 2013 Erster Vorsitzender der Lebenshilfe Traunstein, beendete sein 35-jähriges Ehrenamt, von dem er selber sagte:
„Es wurde daraus ein zweites Arbeitsleben, lange Jahre noch neben dem eigenen Beruf. ... Es eröffnete neue Horizonte, erfüllte und formte."
Gefragt, was ihm für die Zukunft wichtig sei, sagte Peter Bantlin in seiner Rede anlässlich seiner Verabschiedung:
„Der Erhalt der 1969 von Eltern gegründeten Elternselbsthilfeorganisation mit strategischer Richtungsbestimmung durch die gewählten Vertreter in Vorstand und Beirat. Betroffene Eltern müssen weiter die Richtung weisen und ihr spezifisches Erleben und Wissen einbringen. Die Fürsorge der Eltern für ihre Angehörigen ist die Seele und der Treibstoff des Ganzen, kleinstmögliche dezentrale Einrichtungen auf den Landkreis verteilt zu schaffen, um ein menschlich würdiges Leben und Arbeiten zu ermöglichen."

Alois Glück, Landtagspräsident a.D., resümierte Peter Bantlins Lebensleistung so:
„Er agierte dabei nicht nach dem Motto ‚man müsste', ‚man sollte', mit Appellen an alle; er war immer wieder konkret in seinen Vorstellungen und in seinem eigenen Handeln. ... Mit dieser Einstellung und diesen Initiativen war der Vorsitzende Peter Bantlin oft auch unbequem. Damit hat er eine große Lebensleistung zugunsten der Menschen mit Behinderung geschaffen."
(Quelle: Lebenshilfe *produktiv*, Ausgabe Herbst 2013)

Blick auf Gegenwart und Zukunft

Blick auf Gegenwart und Zukunft	161
2016 Oderberger Werkstätten	162
2017 Gründung einer gGmbH	165
2017 Inklusionsbetrieb Chiemgau Maßarbeit gGmbH	168
2018 Inklusive Wohn- und Begegnungsstätte	170
Seppi Fischer	172
2018 Wohntraining	174
2019 Neues Wohnheim in Seeon	175
2019 Chiemgau-Lebenshilfe-Werkstätten gGmbH	175
Celina Tobsch	177
Bayerischer Verdienstorden für Andreea Nowak	179
Stille Aktion mit Langzeitwirkung	180
Berufsfelder innerhalb der Lebenshilfe	181
Annemarie Funke zur Zukunft der Lebenshilfe Traunstein	182
Dr. Jens Maceiczyk zur Zukunft der Lebenshilfe Traunstein	183

Blick auf Gegenwart und Zukunft

Die Lebenshilfe Traunstein zeigt im Jubiläumsjahr eine lebendige Vielfalt ihrer Einrichtungen. Das umfassende Angebot für Menschen mit Beeinträchtigungen beweist, dass es gelungen ist, die unterschiedlichsten Anforderungen angemessen zu erfüllen, dass für neue Aufgabenfelder jeweils die richtigen Lösungen gefunden werden können.

Der Rückblick auf 50 Jahre der Entwicklung und stetigen Veränderung macht deutlich, dass die Geschichte der Lebenshilfe Traunstein auch die Geschichte der Menschen ist, die sie unterstützen, fördern, begleiten, für sie arbeiten, sich verantwortlich fühlen.
Sie alle bringen sich auf vielfältige Weise ein, helfen dabei, dass die Menschen mit Beeinträchtigungen möglichst selbstbestimmt leben, sich entfalten und arbeiten können.

Die Lebenshilfe Traunstein ist dankbar für diese Einsatzbereitschaft, für jedes Engagement, für alle Mühe und Sorgfalt, für jede Zuwendung, ob ideell oder materiell, sagt DANKE für jede Hilfe.

Für die Zukunft macht die bisherige Geschichte der Lebenshilfe Traunstein Hoffnung, dass sich die bestehende lebendige Vielfalt weiter entwickelt, wobei immer die Menschen mit Beeinträchtigung im Mittelpunkt aller Aufmerksamkeit, Arbeit und Bemühung stehen sollen.
Die Offenheit für Menschen mit Behinderung und ihre Belange ist in der Gesellschaft in den zurückliegenden Jahren erfreulich gewachsen.
Zunehmende Barrierefreiheit im Lebensumfeld und in den Köpfen lässt hoffen.
Gleichzeitig findet in der Öffentlichkeit eine hitzige Debatte über die Möglichkeiten der Pränataldiagnostik statt. Menschen können oder müssen individuell Verantwortung übernehmen, müssen Gewissensentscheidungen treffen.

Die Selbstbestimmung als Grundrecht jedes Menschen – ob mit oder ohne Behinderung – ist und bleibt eine dauernde Aufgabe.
Die Hoffnung ist, dass Einrichtungen wie die Lebenshilfe Traunstein helfen können, die Entscheidung FÜR jedes menschliche Leben zu treffen, damit in Zukunft gemeinsames Leben für alle Menschen völlig selbstverständlich ist.

2016 Oderberger Werkstätten
Chiemgau-Lebenshilfe-Werkstätten

Im Gewerbegebiet von Oderberg gingen im Oktober 2016 die Oderberger Werkstätten in Betrieb. Mit dem **Neubau** sind nach nur 15 Monaten Bauzeit weitere zukunftssichere Arbeitsplätze für Menschen mit und ohne Behinderung entstanden.
Insgesamt können 120 Menschen mit Behinderung auf rund 3500 m² Nutzfläche arbeiten.
Die Werkstätten bestehen aus drei Hallenschiffen und einem zweistöckigen Sozial-/Verwaltungsgebäude mit zentraler Versorgerküche für die Einrichtungen der Chiemgau-Lebenshilfe-Werkstätten. Der Neubau ist vollkommen barrierefrei konzipiert und so großzügig angelegt, dass auch Rollstuhlfahrer in den Werkstätten beschäftigt werden können. Um dem Rehabilitationsauftrag für Menschen mit Behinderung gerecht zu werden, berücksichtigt der Neubau alle Aspekte der modernen Arbeitsphysiologie und schafft ein innenarchitektonisch durchdachtes, helles und freundliches Arbeitsumfeld. Innen wie außen verspricht ein innovatives Farbkonzept in allen Bereichen angenehme Arbeitsbedingungen.

Gegenüber der Industrie im Landkreis positioniert man sich als starker Partner. Dabei gilt: **„Wir müssen die Förderung von Menschen mit Behinderung mit den Erfordernissen der heutigen Arbeitswelt austarieren"**, wie Josef Schärtl, Vorsitzender des CLW-Aufsichtsrates, beim feierlichen Festakt zur Eröffnung der Oderberger Werkstätten feststellte.
Derzeit arbeiten in den Oderberger Werkstätten circa 90 Menschen mit Behinderung zusammen mit einem Team aus fachlich geschulten Anleiterinnen und Anleitern **in den Bereichen Holz** sowie **Montage und Verpackung**. Die leistungsfähige, moderne **Küche** wird zukünftig alle Einrichtungen der Chiemgau-Lebenshilfe-Werkstätten versorgen.

Übrigens war es dem Geschäftsführer Dr. Jens Maceiczyk ein großes Anliegen, die Mitarbeiterinnen und Mitarbeiter und die Menschen mit Behinderung in die Planung mit einzubinden. **„Sie hatten alle die Möglichkeit, ihre künftigen Arbeitsplätze und die Prozesse im Unternehmen aktiv mitzugestalten."**

Schreinerei in Oderberg

Die Geschichte einer eigenen Küche für die Werkstätten der Lebenshilfe begann bereits 1995 in der damaligen Hauptstelle der Werkstätten, der heutigen Nordwerkstatt.
Heute kann die leistungsfähige, moderne Küche, die Teil der Oderberger Werkstätten ist, alle Einrichtungen der Chiemgau-Lebenshilfe-Werkstätten versorgen. Konkret bedeutet das, dass täglich über 500 Essen zubereitet werden. Vor Ort können die Mitarbeiterinnen und Mitarbeiter ihr Essen in der neuen Kantine in angenehmer Atmosphäre zu sich nehmen. Der Großteil der Essensportionen wird an die verschiedenen Einrichtungen geliefert.

2017 Gründung einer gGmbH

Anlässlich der Gründung einer gGmbH für die Lebenshilfe Traunstein führte die Redaktion von Lebenshilfe *produktiv* ein Gespräch mit Rechtsanwalt und Steuerberater Florian Mengele, dem Zweiten Vorsitzenden der Lebenshilfe Traunstein e.V.

Lebenshilfe *produktiv*: Bei der Hauptversammlung der Lebenshilfe Traunstein e. V. wurde am 24. Juli 2017 auf Ihren Vorschlag hin einstimmig beschlossen, für den Verein eine **gemeinnützige** Gesellschaft mit beschränkter Haftung (gGmbH) zu gründen. Warum ist dieser Schritt sinnvoll, um die Lebenshilfe Traunstein als Organisation für Menschen mit Behinderung zukunftsfähig zu machen?
Florian Mengele: Die Lebenshilfe Traunstein blickt auf bald fünf Jahrzehnte erfolgreiche Aufbauarbeit zurück. Dabei hat die Gründergeneration mit tatkräftiger Unterstützung von Politik, Wirtschaft und zahlreichen Ehrenamtlichen über Dekaden Großartiges geleistet.

Im Fokus standen und stehen für die Lebenshilfe Traunstein e.V. immer die Menschen mit Behinderung, ihre Familien und Betreuer. Das soll auch künftig so bleiben. Nun sind für die Funktion und die Effizienz einer Organisation aber ihre Strukturen entscheidend. Im Vordergrund steht also erst einmal die schlichte Frage, welche Aufgaben eine Organisation im Tagesgeschäft zu erfüllen hat und auf welche Besonderheiten bei der täglichen Arbeit Rücksicht zu nehmen ist. Denn über eines müssen wir uns im Klaren sein: Auch die besten Mitarbeiterinnen und Mitarbeiter können durch unzureichende Strukturen in der Arbeit gehindert oder sogar gänzlich blockiert werden.

Lebenshilfe *produktiv*: Was bedeutet das für die Lebenshilfe Traunstein?
Florian Mengele: Nach der Überzeugung der Vorstandschaft und dem Votum der Mitglieder gilt es, Abläufe zu schaffen, die dem gewachsenen Betrieb der Lebenshilfe gerecht werden. Entscheidend ist also, die Organisation so zu strukturieren, dass sich die Mitarbeiterinnen und Mitarbeiter optimal um die Bedürfnisse der Menschen mit Behinderung, ihrer Familien und Betreuer kümmern können. Ein ganz wichtiger Aspekt ist dabei, dass der Charakter der Lebenshilfe Traunstein als Elterninitiative nicht verwässert wird. Im Gegenteil: Die Elternvereinigung soll gestärkt und den Herausforderungen der Zukunft gerecht werden.

Lebenshilfe *produktiv*: Über fast fünfzig Jahre war der Verein doch eine hervorragende Struktur. Warum also jetzt die Änderung in dem gut funktionierenden System?
Florian Mengele: Der Verein war in der Gründerzeit und während der Aufbauphase der Lebenshilfe Traunstein tatsächlich eine optimale Struktur. Im freien Zusammenschluss haben die meist im familiären Umfeld betroffenen Gründer und Ehrenamtliche die Lebenshilfe Traunstein aus dem Nichts aufgebaut. Charismatische Mitglieder wie unser langjähriger Erster Vorsitzender und heutiger Ehrenvorsitzender, Peter Bantlin, haben diese Entwicklung maßgeblich gestaltet. Heute ist die Lebenshilfe Traunstein zu einem beachtlichen mittelständischen Betrieb gewachsen. Dazu einfach einmal einige Kennzahlen: Wir beschäftigen 366 Mitarbeiterinnen und Mitarbeiter, haben einen Jahresumsatz von 15,5 Millionen Euro und einen monatlichen Kontendurchfluss von 1,3 Millionen Euro. Die Bilanzsumme beträgt satte 24,4 Millionen Euro. Hinter diesen eher nüchternen Zahlen verbergen sich ganz konkrete menschliche Schicksale. Die Lebenshilfe Traunstein betreibt 12 Wohnheime und bietet derzeit 186 stationäre Plätze für Menschen mit Behinderung. Im Wohnheim und in der Förderstätte in Altenmarkt begleitet die Lebenshilfe 66 Menschen mit Schwerbehinderung, schafft Heimat und Geborgenheit. Auch Leistungen wie das Ambulant Betreute Wohnen, die Kurzzeitpflege, die Offene Behindertenarbeit und die Frühförderung kommen Menschen mit Behinderung und ihren Familien zugute. Die operative Steuerung eines solchen „Unternehmens" ist mit der Struktur eines Vereins nicht mehr zu bewältigen.

Lebenshilfe *produktiv*: Gibt es dafür ganz konkrete und greifbare Gründe?
Florian Mengele: Natürlich. Die Diskussion im Vorfeld und die von den Mitgliedern getragene Entscheidung orientierten sich ausschließlich an sachlichen Argumenten. So wird ein Verein beispielsweise durch den Vorstand geführt. Der ist allerdings ehrenamtlich tätig und steht für das operative Tagesgeschäft nicht ununterbrochen zur Verfügung. Eine Geschäftsführung, wie sie Frau Annemarie Funke für die Lebenshilfe Traunstein übernommen hat, ist im Vereinsrecht nicht vorgesehen. Das führt in der täglichen Arbeit zu fast schon grotesken Situationen. Denn da die Geschäftsführung den Verein rechtlich nicht vertreten kann, muss der Vorstand für alltägliche Geschäfte wie die Anmeldung einer Kfz-Versicherung oder zum Abschluss eines Leasingvertrags unterzeichnen. Das hält den Betrieb ungemein auf.

Weiterer Aspekt ist die Haftung des Vorstandes. Der haftet persönlich mit seinem Vermögen. Künftig dürfte es schwierig, wenn nicht gar unmöglich werden, Vorstände für die Lebenshilfe Traunstein zu finden, die dieses Haftungsrisiko freiwillig und ehrenamtlich übernehmen wollen. In der gemeinnützigen Gesellschaft mit beschränkter Haftung ist das Haftungsrisiko für die Geschäftsführung dagegen eingeschränkt.

Florian Mengele

Lebenshilfe *produktiv*: Besteht nicht die Gefahr, dass sich die rechtlich selbstständige gGmbH mit ihrer Geschäftsführung immer weiter verselbstständigt und die Identifikation mit der Elterninitiative und ihren Werten schleichend verloren geht?

Florian Mengele: Einer solchen Entwicklung wirken wir effizient entgegen. Wichtig: Der Verein Lebenshilfe Traunstein entwickelt auch in Zukunft die Ziele der Elterninitiative weiter und schreibt diese für die Geschäftsführung verbindlich fest. Im ersten Artikel der Satzung unserer neuen gGmbH steht: „Die Gesellschaft ist Tochtergesellschaft der Lebenshilfe für Menschen mit geistiger Behinderung Kreisvereinigung Traunstein e.V., einem Zusammenschluss von Eltern und Förderern von Menschen mit geistiger Behinderung und Menschen mit erworbener Schädel-Hirn-Verletzung. Das Leitbild einer solchen Elternvereinigung bestimmt auch stets das Handeln der Gesellschaft." Zudem kann sich die Lebenshilfe Traunstein auf die vertrauensvolle und loyale Zusammenarbeit mit der Geschäftsführung verlassen. Die verfügt über die notwendige Kompetenz und trägt für ihr Tun die rechtliche Verantwortung. Zudem haben betroffene Eltern aus der Mitte des Vereins sowie externe Sachverständige künftig über den neu geschaffenen Aufsichtsrat die Möglichkeit, auf die Geschäftsführung direkt Einfluss zu nehmen. Eltern und Betreuer, die sich im Verein einbringen möchten, können sich auch über Fachbeiräte verstärkt auf die pädagogische Ausrichtung, die Gestaltung neuer Leistungsangebote und die Kontrolle der Umsetzung konzentrieren. Deshalb wiederhole ich, dass die Elternvereinigung durch die Neuorganisation gestärkt wird und wir alle gemeinsam den Herausforderungen der Zukunft im Interesse von Menschen mit Behinderung besser gerecht werden. (Lebenshilfe *produktiv* Ausgabe 2017)

Die Hauptversammlung der Lebenshilfe Traunstein e.V. beschloss am 24. Juli 2017 einstimmig die Gründung einer gemeinnützigen Gesellschaft mit beschränkter Haftung (**gGmbH**) für den Verein. Der Gesellschaftsvertrag stammt vom 7. November 2017.

2017 Inklusionsbetrieb Chiemgau Maßarbeit gGmbH

Symptomatisch ist die Zusammensetzung der Gruppe, die am 24. Oktober 2017 in Oderberg die neu erbauten Räumlichkeiten der **Chiemgau Maßarbeit** ihrer Bestimmung übergab.
Per Knopfdruck nahmen **Landrat** Siegfried Walch, der Vorsitzende des **CLW** Aufsichtsrats Josef Schärtl, Markus Wolf vom **Integrationsamt** Oberbayern und Frank Nickel von der **Arbeitsagentur** Traunstein eine 160-Tonnen-Metallstanzpresse in Betrieb.
Das als gemeinnützig anerkannte **Inklusionsunternehmen** ist ein juristisch selbstständiges besonderes Unternehmen des **allgemeinen Arbeitsmarktes**. Es verfolgt **wirtschaftliche Ziele** und besetzt gleichzeitig dauerhaft den rund hälftigen Anteil seiner sozialversicherungspflichtigen Arbeitsplätze mit Menschen mit Behinderung. Beschäftigung finden beispielsweise Menschen mit einer Lernbehinderung oder auch einer leichten geistigen Behinderung wie auch leicht körperlich eingeschränkte Menschen sowie Menschen mit Behinderung aus dem Berufsbildungsbereich der Chiemgau-Lebenshilfe-Werkstätten, die sich durch Weiterbildungen für ein solches Inklusionsunternehmen qualifiziert oder sich über die Arbeitsagentur beworben haben.
„Um uns im härter werdenden Wettbewerb auch in Zukunft zu behaupten und neue Kunden zu gewinnen, investierten wir alleine im **Metallbereich** über eine Million Euro in modernste Maschinen", so Dr. Jens Maceiczyk, Geschäftsführer. Neben Stanzautomaten, Einlegepressen, einem Schweißroboter und einer Hochleistungsmetallbandsäge verfügt der Betrieb über exzellente Maschinen und Bearbeitungszentren für den **Werkzeugbau**.
„Mit unserem 3D-Konstruktionsprogramm VISI-Progress bieten wir eine durchgängige CAD/CAM-Lösung. Beim Fräsen und Erodieren verarbeiten wir die Konstruktionsdaten direkt. Dadurch können wir kurze Durchfluss- und Reaktionszeiten zusichern", sagt der Metall-Bereichsleiter Alfred Biebl.
Wichtig im Wettbewerb um Kunden ist es außerdem, dass die Produktion eines Vorprodukts mit anschließender Weiterverarbeitung und Veredelung geleistet werden kann. Dabei sind auch die Möglichkeiten einer intensiven synergetischen Zusammenarbeit mit den Werkstätten der CLW bemerkenswert, besonders erleichtert durch die räumliche Nähe.
Über die konzeptionellen Lösungen im Werkzeugbau, der Metallfertigung und im Holzbereich hinaus bietet **Chiemgau Maßarbeit** auch **Garten- und Landschaftsbau**, wobei das Leistungsspektrum professionelle Rasenpflege, Pflasterarbeiten, die Anpflanzung von Sträuchern und Bäumen sowie den sensiblen Schnitt von Obstbäumen umfasst.

Neues Gebäude der Chiemgau Maßarbeit

Mit der Chiemgau Maßarbeit ist also nach der Chiemgau-Kiste ChiKi ein weiterer selbstständiger Inklusionsbetrieb als Tochtergesellschaft der Chiemgau-Lebenshilfe-Werkstätten entstanden. Damit erfüllt die Lebenshilfe Traunstein weiterhin ihren Anspruch, Menschen mit Behinderungen in allen Lebensbereichen Teilhabe am gesellschaftlichen Leben zu ermöglichen, hier im wichtigen Bereich der Arbeit. Gemeinsam leben bedeutet eben auch nicht zuletzt, gemeinsam arbeiten.

2018 Inklusive Wohn- und Begegnungsstätte
in Traunstein

Mit einem feierlichen Festakt wurde am 28. September 2018 die inklusive Wohn- und Begegnungsstätte der Lebenshilfe Traunstein am Bahnweg in Traunstein offiziell ihrer Bestimmung übergeben.
Das größte Bauprojekt in der fast 50-jährigen Geschichte der Elterninitiative setzt in der Arbeit für Menschen mit und ohne Behinderung überregional Maßstäbe und stellt so einen Meilenstein dar, um die Herausforderungen der Zukunft anzupacken.
Das über 10-Millionen-Projekt geht neue Wege und zeigt beispielhaft, wie Inklusion gelingen kann.
In den insgesamt drei dreistöckigen Häusern gibt es nun 24 moderne Wohnheimplätze für Menschen mit geistiger Behinderung, die in einer Werkstatt arbeiten und ein stationäres Umfeld benötigen. Zudem bietet sich Raum für zwei Kurzzeitpflegeplätze sowie eine Wohntrainingsgruppe, in der jeweils vier Menschen auf das Wohnen in einer eigenen Wohnung vorbereitet werden. Darüber hinaus hat die Lebenshilfe im Rahmen des geförderten sozialen Wohnungsbaus elf geräumige Appartements für Menschen mit und ohne Behinderung realisiert. Ebenfalls in das Ensemble integriert sind Praxisräume sowie Begegnungsräume für Freizeit- und Bildungsaktivitäten einschließlich einer Cafeteria.

Gleichzeitig haben die Verwaltung und die Geschäftsstelle der Lebenshilfe Traunstein nach Jahrzehnten in Traunreut nun ihren neuen Sitz in Traunstein bezogen.
Die offene Gruppierung der drei Gebäude um einen Innenhof mit Gassen und großzügiger Biotopfläche überzeugt, ergibt sich doch ein gleichermaßen offenes wie geschütztes Gesamtbild. Wesentlich war auch, eine behagliche Atmosphäre bei optimaler Wirtschaftlichkeit des innovativen Energiekonzepts zu schaffen. Alle Materialien und Konstruktionen sind auf Langlebigkeit und Natürlichkeit hin ausgewählt. Monolithisches Mauerwerk, rein mineralischer Putz, ein Dach aus recycelbarem Aluminium sowie Holz und Beton sind die Hauptmaterialien und sollten leicht die nächsten 100 Jahre überdauern. Auf den Einsatz von Bauchemie und Plastik wurde so weit wie möglich verzichtet.
Insgesamt ist in nur drei Jahren Bauzeit ein zukunftsweisender Baukomplex entstanden, der ein Hauptanliegen der Lebenshilfe Traunstein realisiert: „Bei der Würdigung des Einzelfalls spielt die gewünschte Wohnform stets eine wesentliche Rolle. Die Lebenshilfe hat es sich daher zum Ziel gesetzt, Wohnformen zu ermöglichen, die zum einen dem Wunsch- und Wahlrecht des Betroffenen gerecht werden, andererseits aber auch den Regelungen des Leistungsträgers entsprechen", so Annemarie Funke, Geschäftsführerin der Lebenshilfe Traunstein gGmbH.

Seppi Fischer

Seit 2002 ist Seppi Fischer aus Traundorf in der Südwerkstatt der Lebenshilfe beschäftigt. Aufgrund seiner Behinderung, er sitzt im Rollstuhl und hat einen Spasmus an der rechten Hand, kann er nur im beruhigten Arbeitsbereich tätig sein und einfache Tätigkeiten ausüben.

Die Arbeit gefällt ihm sehr gut, wie seine Mutter Vroni Fischer bestätigt: „Er geht so gerne hin, dass er eigentlich **gar keine Lust auf Urlaub** hat." Für sie und ihren Mann Sepp ist es beruhigend zu wissen, dass sich ihr Sohn wohlfühlt und in der Werkstatt gut aufgehoben ist. Durch die Tätigkeit dort wurde er nach ihren Worten auch selbstständiger. Es sei für ihn einfach **ein gutes Gefühl, gebraucht zu werden** und **eigenes Geld** zu **verdienen**. Davon kauft sich der 38-Jährige mitunter etwas für sein Zimmer, Musik-CDs oder neue Kleidung.
Große Freude bereitet es ihm auch, wenn er für seine Eltern Geschenke zum Geburtstag oder zu Weihnachten aussuchen und kaufen kann. Er benötigt dazu zwar die Hilfe von Onkel und Tante, macht es aber immer so, dass die Geschenke dann für die Eltern eine Überraschung sind. „Der Sepperl weiß genau, was er will", betont seine Mutter.

Ihr Sohn wohnt nach wie vor daheim bei den Eltern und will auch nirgendwo anders hin. Diese haben ihr Leben um den behinderten Sohn herum eingerichtet, nehmen ihn überall hin mit zu Sportveranstaltungen, Konzerten, Festen: „Ohne den Sepperl kennt man uns gar nicht." Trotzdem gehen beide ihren eigenen Interessen und Hobbys nach, es braucht halt nur eine gewisse Struktur und Planung, um alles unter einen Hut zu bringen.

In seinem privaten Umfeld ist Seppi Fischer bestens integriert, hat viele Freunde, geht zum Fußball, hört Blasmusik, besucht regelmäßig den **Treff der Offenen Behindertenarbeit in Traunstein** und nimmt gerne an Ausflügen teil. Seine Mutter, die sich selber ehrenamtlich in der Offenen Behindertenarbeit engagiert, sagt: „Er schätzt es sehr, wenn er überall dabei sein kann."

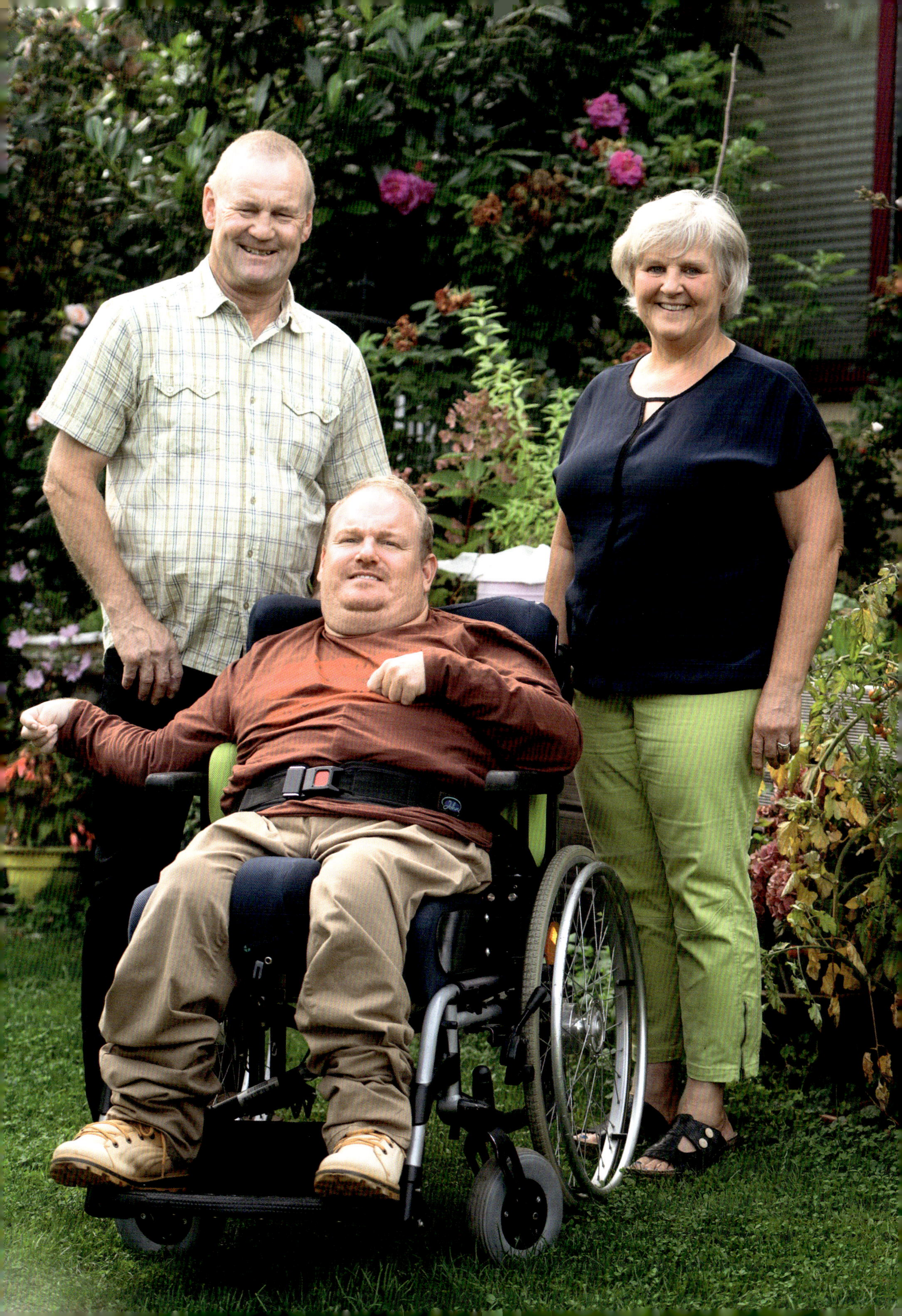

2018 Wohntraining

Der Wunsch nach Selbstständigkeit und einer eigenen Wohnung, alleine oder mit mehreren Menschen zusammen, wird in Beratungsgesprächen häufig geäußert. Um solche Wünsche Wirklichkeit werden zu lassen, gab es bei der Lebenshilfe Traunstein in früheren Jahren schon eine Wohnschule.

Im August 2018 wurden zwei Wohntrainingsgruppen in Traunstein eröffnet, um in heute angemessener Weise Hilfen zum selbstständigen Wohnen zu geben.

Eine der Wohntrainingsgruppen mit vier Teilnehmern befindet sich im neuen Gebäude am Bahnweg, die zweite in der Chiemseestraße. Die Schwerpunkte des Wohntrainings liegen auf der Vermittlung und Förderung lebenspraktischer Fähigkeiten und der Stärkung der sozialen Kompetenzen.

Dabei gehen alle Aktivitäten im Zuge des Trainings vom individuellen Lern- und Entwicklungsstand der Teilnehmer aus. Eine gemeinsame Alltagsgestaltung im täglichen Zusammenleben und Hilfen bei der gemeinsamen Haushaltsführung geben Sicherheit. Durch die pädagogische Begleitung können die Teilnehmer motiviert werden, eigene Initiative zur Gestaltung ihrer Freizeit zu ergreifen und damit Angebote im Sozialraum zu nutzen.

Das Wohntrainingsangebot ist zeitlich begrenzt und vorwiegend darauf ausgerichtet, dass die Teilnehmerinnen und Teilnehmer in eine eigene Wohnung ziehen können, gegebenenfalls mit Unterstützung des Ambulant Betreuten Wohnens.

2019 Neues Wohnheim in Seeon
Am Sportplatz

Am 1. Juli 2019 ging in Seeon am Sportplatz das neu erbaute Wohnheim für 16 Menschen mit Beeinträchtigung in Betrieb. Das Gebäude ist so konzipiert worden, dass alle Bewohnerinnen und Bewohner ein Einzelzimmer haben, wobei die Bäder jeweils von zwei Personen genutzt werden. Darüber hinaus stehen verschiedene Funktions-, Therapie- und Gruppenräume zur Verfügung.

Der Standort – das neue Wohnheim befindet sich in unmittelbarer Nähe zu Sportplatz, Kindergarten und Grundschule – sorgt dafür, dass Menschen mit und ohne Behinderung sich auf ganz natürliche Art und Weise begegnen können. Der Neubau befindet sich in direkter Nachbarschaft zum 2007 in Seeon eröffneten Wohnheim.

Insgesamt unterhält die Lebenshilfe Traunstein damit in Seeon drei Wohnheime.

Neubau 2018 (links) und 2007 eröffnetes Wohnheim (rechts)

2019 Chiemgau-Lebenshilfe-Werkstätten gGmbH

Den gleichen Schritt wie der Verein der Lebenshilfe Traunstein zur gGmbH vollzog 2019 die Chiemgau-Lebenshilfe-Werkstätten GmbH und wurde ebenfalls zur **gGmbH**.

Dazu merkte Dr. Jens Maceiczyk, Geschäftsführer der Chiemgau-Lebenshilfe-Werkstätten, an: „Die Erweiterung um das kleine ‚g' (gemeinnützig) vor der GmbH soll vor allem nach außen darauf hinweisen, dass es sich bei unserer Einrichtung um eine Kapitalgesellschaft mit Gemeinnützigkeitscharakter handelt."

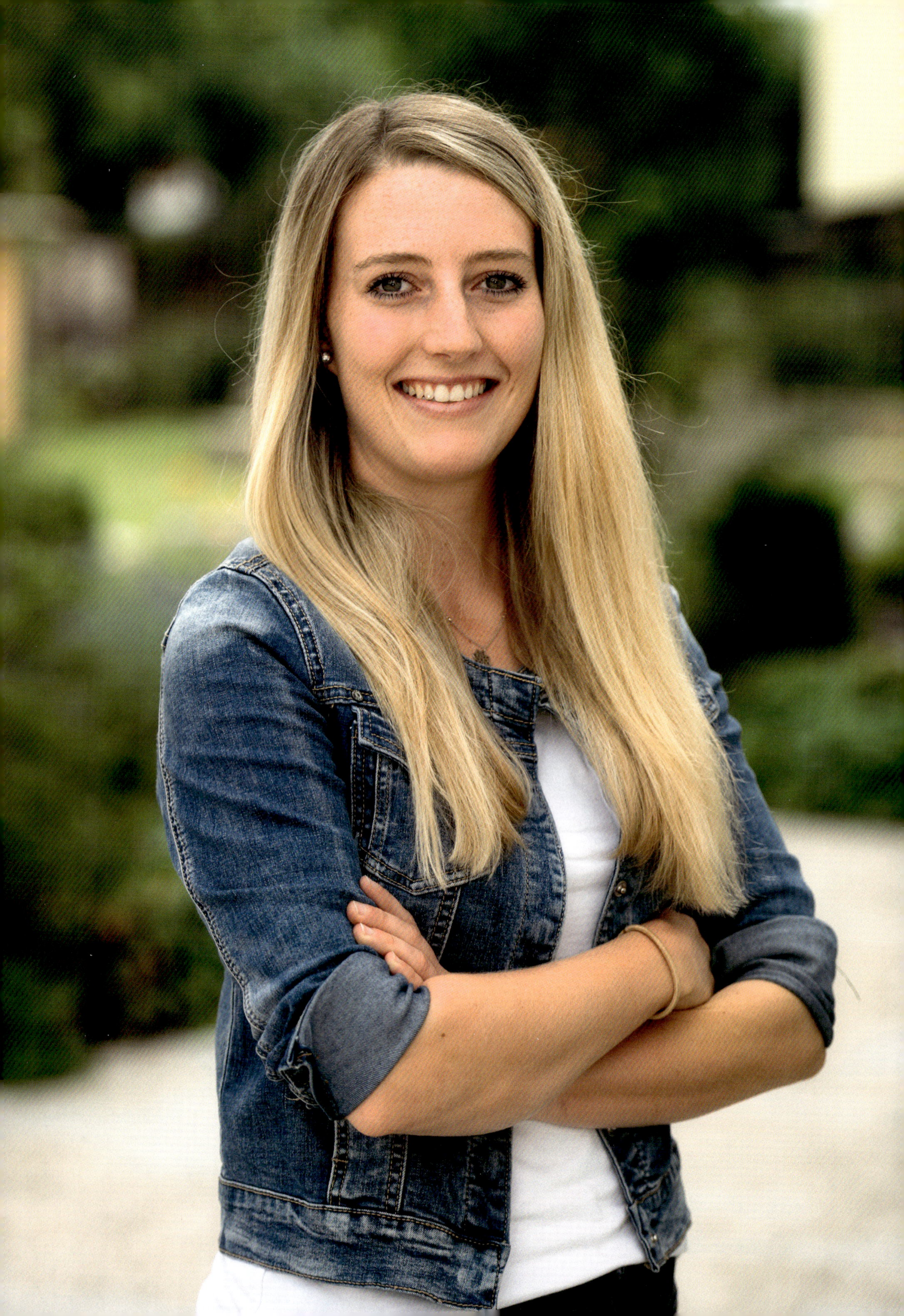

Celina Tobsch

Eine junge, hoch motivierte Mitarbeiterin in der Wohngruppe A im neuen Gebäude am Bahnweg in Traunstein ist Celina Tobsch. Die Inzellerin ist gelernte Krankenschwester und wechselte nach ihrem Examen zur Lebenshilfe. Bei einem Arbeitseinsatz in der Orthopädischen Kinderklinik in Aschau hatte sie schon während ihrer Krankenschwestern-Ausbildung Kontakt mit Kindern mit Behinderung und wollte sich daraufhin einmal anschauen, wie die Arbeit mit Menschen mit Behinderung generell ist.

Sie bekam Anfang 2017 eine Stelle in der Seniorenwohngruppe der Lebenshilfe in Traunreut, die zunächst auf ein halbes Jahr begrenzt war. „Dann sind zwei Jahre draus geworden und ich bin dabei geblieben."

Seit Kurzem ist sie in der Wohngruppe in Traunstein und musste sich von der Betreuung der Senioren umstellen auf die acht Bewohner, die allesamt tagsüber in der Werkstätte arbeiten und erst nachmittags ins Wohnheim kommen. Celina Tobsch als Betreuerin stellt sich dann auf ihre Gruppe ein und spürt, ob die Bewohnerinnen und Bewohner von der Arbeit müde sind oder Lust haben, noch etwas zu unternehmen. „Ich kann hier kreativ sein und selbst was auf die Beine stellen", freut sie sich.

Demnächst will sie den Sportübungsleiterschein machen und dann mit ihnen je nach Können und Lust Sport betreiben. Dabei gebe es erfahrungsgemäß immer eine Gaudi und manche seien echt richtig sportlich. Zu sehen, dass die von ihr Betreuten an einer Sache Spaß haben und sich darüber freuen, ist für sie immer wieder eine große Genugtuung und mache die Arbeit so angenehm. Außerdem wisse man nie, was als Nächstes kommt, kein Tag sei wie der andere.

Und auch in schwierigen Situationen weiß sich Celina Tobsch zu helfen. Sie hat eine Fortbildung zum Thema Tod und Trauer absolviert und dabei gelernt, wie sie ihre Gruppenmitglieder beim Tod eines nahestehenden Menschen an die Hand nehmen, begleiten und trösten kann. Hier in der Wohngruppe legt sie großen Wert darauf, zuzuhören, bereit zu stehen, wenn jemand Redebedarf hat, genau hinzuschauen, wie es den Einzelnen geht.

Das besonders Schöne im Umgang mit Menschen mit Behinderung erklärt sie so: „Sie sind sehr offen und herzlich und nehmen einen an, wie man ist." In der Wohngruppe in Traunstein fühlt sich Celina Tobsch rundum wohl und will dort gerne bleiben. Sie ist aber auch offen für neue Aufgaben innerhalb der Lebenshilfe.

Am 22. Juli 2019 verlieh der Bayerische Ministerpräsident Markus Söder den Bayerischen Verdienstorden an Andreea Nowak.

© Jörg Koch Bayerische Staatskanzlei

Bayerischer Verdienstorden für Andreea Nowak

Andreea Nowak aus Traunreut arbeitet in der Nordwerkstatt der Chiemgau-Lebenshilfe-Werkstätten. In ihrer Freizeit trainiert sie leidenschaftlich gern bei der 1. Chiemgauer Kampfsport- und Karateschule Traunreut.
Bei den 53. European Senior Championships in Novi Sad in Serbien in der Kategorie Menschen mit einer geistigen Behinderung hat Andreea 2018 den ersten Platz belegt und sich damit automatisch für die Paralympics 2024 in Paris qualifiziert.
„Andreea hat alles rausgeholt und sogar die WM-Vizemeisterin geschlagen, das ist der Wahnsinn", kommentierte ihr langjähriger Trainer Richard Schalch.
(*Traunreuter Anzeiger*, 28. Mai 2018)

Andreea Nowaks außerordentlicher Einsatz in ihrer Sportart brachte ihr 2019 mit dem Bayerischen Verdienstorden eine ganz besondere Ehrung ein.
Anlässlich der Verleihung des Bayerischen Verdienstordens an Andreea Nowak sagte der Bayerische Ministerpräsident Markus Söder in seiner Laudatio:
„Andreea Nowak ist mehrfache Bayerische, Deutsche und Europameisterin im Para-Karate, einer an die Anforderungen des jeweiligen Handicaps angepassten Form des Karate. Sie hat als geistig behinderte Sportlerin bereits über 30 nationale und internationale Titel errungen und ist ein herausragendes Vorbild für gelingende Inklusion über den Sport."

© Deutscher Karate Verband e.V.

Stille Aktion mit Langzeitwirkung

Folgendes Beispiel zeigt, dass eine **einfache Idee** und **soziales Mitdenken** über die Jahre großartige Wirkung entfalten kann.

Seit 1975 gehört die **Firma Trieb Optik – Hörgeräte OHG** zu den regelmäßigen Unterstützern der Lebenshilfe. Damals las Firmengründer Oskar Trieb in der Lokalzeitung einen Bericht über die Heilpädagogische Tagesstätte in Schloss Pertenstein und dass dringend Spenden gebraucht würden.

„Mein Vater dachte sich, es sei eine gute Idee, im Geschäft für die Lebenshilfe Geld zu sammeln und wollte es auch gleich richtig machen", erinnert sich Herbert Trieb. Er ließ aus einem Kaminziegelstein mit aufgesetzter Glasplatte und Schlitz darin **einen „Pertenstein"** errichten. In diesen konnten und können noch immer Kunden der Firma Trieb in den beiden Geschäften in Trostberg und Traunreut Geld einwerfen. Für Kleinreparaturen an ihren Brillen oder Hörgeräten und für diverse Serviceleistungen müssen die Kunden bei Trieb nichts bezahlen, werden aber darauf hingewiesen, dass sie stattdessen einen freiwilligen Betrag in den „Pertenstein" geben können.

37.000 Euro in mehr als 40 Jahren
In den mehr als 40 Jahren, in denen nun schon Spenden auf diese Weise gesammelt werden, kamen bisher über 37.000 Euro zusammen.
Die beiden heutigen Geschäftsführer Herbert Trieb und seine Tochter Sabine Trieb-Nadler führen diese langjährige, vom Firmengründer eingeführte Tradition gerne weiter und übergeben jedes Jahr die gesammelten Spendengelder an die Lebenshilfe.

Herbert Trieb und seine Tochter Sabine Trieb-Nadler

Berufsfelder innerhalb der Lebenshilfe

Von Beginn an standen die Menschen mit Behinderung, deren Eltern Hilfe und Beistand suchten und fanden, im Mittelpunkt der **Arbeit** der Lebenshilfe Traunstein. Damit ist zugleich angesprochen, dass alle Mitarbeiterinnen und Mitarbeiter der Lebenshilfe Traunstein ebenfalls von Anfang an mit ihrer Arbeit tagtäglich **im Fokus** stehen. Das ist so, weil sie direkt mit den betreuten Menschen arbeiten, dabei helfen, den für diese Arbeit nötigen Rahmen zu schaffen – sei es im pflegerischen oder pädagogischen Bereich, als Reinigungskraft, Handwerksmeister, Fahrer, Koch, Hausmeister oder im gesamten Bereich der Geschäftsführung.
Naturgemäß hat sich dabei über die Jahre und Jahrzehnte ein fortdauernder Prozess der Professionalisierung und Diversifizierung abgespielt, der sich auch in einem jährlichen Fortbildungsprogramm für die Mitarbeiterinnen und Mitarbeiter zeigt.

Man denke nur an die Anfänge der heilpädagogischen Tagesstätte in Schloss Pertenstein und die Erzieherinnen und Kinderpflegerinnen dort, die sich sonderpädagogisch weiterbildeten.
Etliche „QuereinsteigerInnen" und Handwerker machten gemeinsam mit den Handwerksmeistern mit ihren Kenntnissen und Fertigkeiten in verschiedenen Gewerken die Anleitung der Menschen mit Behinderung in den unterschiedlichen Arbeitsbereichen der Werkstätten möglich.

In der Betreuung der Seniorinnen und Senioren durch Fachkräfte aus dem Bereich der Altenpflege spiegelt sich die ständige Weiterentwicklung verschiedener Berufsfelder innerhalb der Lebenshilfe Traunstein wider.

Annemarie Funke

Die Geschäftsführerin der Lebenshilfe Traunstein
zur Zukunft der Lebenshilfe Traunstein

„**Zukunft selbst gestalten**" ist das neue Motto der Lebenshilfe Traunstein. Es formuliert einen hohen Anspruch: Die Menschen mit Einschränkungen sollen mehr als bisher nach ihren individuellen Fähigkeiten gleichberechtigt am gesellschaftlichen Leben teilhaben, und dies in allen Lebensbereichen.

Weitblickend sagte Richard von Weizäcker bereits 1987: „Lassen Sie uns die Behinderten und ihre Angehörigen auf ganz natürliche Weise in unser Leben einbeziehen".

Dieser Appell zum natürlichen „Miteinander leben" wurde 30 Jahre später im Bundesteilhabegesetz festgeschrieben. Es bringt einen grundlegenden Systemwechsel in der Finanzierung, insbesondere bei den existenzsichernden Unterstützungsleistungen wie Wohnen und Lebenshaltung. Die betroffenen Menschen und ihre Angehörigen erhalten ein Wahlrecht bei der Verwendung der staatlichen Leistungen. Diese Umstellung stellt hohe Anforderungen an unsere Verwaltung und Beratungsleistungen, wobei die Beratung von Menschen mit Behinderung für Menschen mit Behinderung (sogenannte Peer-Beratung) ausgebaut werden soll.

Ganz im Sinne der Teilhabe sind alle „Leistungserbringer", so auch wir, aufgefordert, die Angebote noch stärker an den Bedürfnissen und Wünschen der Menschen auszurichten. Unterschiedliche Einschränkungen erfordern ein noch breiteres Spektrum an Leistungen, modifizierten Fachkonzepten und konkreten therapeutischen Maßnahmen. Dies gilt etwa für die Lebensqualität im Alter. In dem Maße, in dem unsere Seniorinnen und Senioren mit geistiger Behinderung ein höheres Lebensalter erreichen, wird eine adäquate Betreuung in dieser Lebensphase immer wichtiger.

Zentral für ein „Miteinander leben" sind inklusive Wohn- und Begegnungsstätten, wie wir sie mit dem Neubau in Traunstein am Bahnweg geschaffen haben. In Unterwössen steht das nächste Vorhaben an: Ein Wohngebäude mit unterschiedlichen Wohnangeboten und einem Inklusions-Café in Kooperation mit der Gemeinde Unterwössen und dem Wössner Regenbogen e.V.: Mitten im Ort, ganz im Sinne eines natürlichen Miteinanders.

Unsere Wohnheime sind in die Jahre gekommen und müssen – insbesondere aufgrund der gestiegenen gesetzlichen Anforderungen – sukzessive modernisiert bzw. neu gebaut werden. So steht nach dem bereits errichteten Neubau in Seeon, Am Sportplatz, für das Jahr 2020 der Ersatzneubau unseres Wohnheims in Waging, Strandbadallee, an.

All diese Herausforderungen werden wir nur stemmen können, wenn gut qualifizierte Mitarbeiter in ausreichender Zahl bei uns arbeiten. Auch wir spüren den akuten Mangel an Fachkräften im sozialen Bereich. Dies ist ein existenzielles Zukunftsthema, das dringlich auch politisch angegangen werden muss. Als Lebenshilfe Traunstein mit über 500 Arbeitsplätzen werden wir weiterhin alles daran setzen, ein attraktiver Arbeitgeber zu sein, bei dem man gerne arbeitet.

Dr. Jens Maceiczyk

Der Geschäftsführer der Chiemgau-Lebenshilfe-Werkstätten zur Zukunft der Lebenshilfe Traunstein

„**Leben wie ich will**", lautet zusammengefasst eine zentrale Botschaft der Menschen mit Behinderung an uns. Wir werden uns daher künftig noch intensiver mit deren individuellen Bedürfnissen und Wünschen auseinandersetzen. So werden wir mit unseren Werkstätten den an fünf Standorten eingeschlagenen Weg der gleichberechtigten Teilhabe am Arbeitsleben weiter gehen und unsere Beschäftigten bei der Entwicklung neuer inklusiver Lebensmodelle stärker denn je unterstützen.

Als Rehabilitationseinrichtung sehen wir unsere Aufgabe ganz wesentlich darin, den bei uns betreuten Menschen eine Vielzahl an Arbeitsmöglichkeiten, die dem individuellen Leistungsvermögen entsprechen, anzubieten. Angebote zu einer ganzheitlichen Persönlichkeitsentwicklung und zur Unterstützung für den möglichen und gewünschten Übergang auf den ersten Arbeitsmarkt werden künftig noch breiteren Raum einnehmen. Ein aktives Inklusionsmanagement wird Menschen mit Behinderung verstärkt dabei helfen, Jobs auf dem ersten Arbeitsmarkt, also außerhalb der Werkstatt, auszuüben.

Mit unseren hochmodernen und breit angelegten Inklusionsbetrieben – „Chiemgau Maßarbeit" und „Chiemgau Kiste" – haben wir hier innerhalb der Lebenshilfe entscheidende erste Schritte getan.

Dabei werden wir auch in Zukunft auf unsere Werkstätten nicht verzichten können. Dies anzunehmen wäre illusorisch. Gerade die Schwächsten unserer vorwiegend geistig und mehrfach behinderten Beschäftigten werden trotz aller Bemühungen den Übergang auf den ersten Arbeitsmarkt nicht bewältigen können. Um diesen Menschen Teilhabe am Arbeitsleben zu ermöglichen, sind Werkstätten weiterhin wichtig, ansonsten wären sie von zentralen Lebensbereichen ausgeschlossen.

Der gesellschaftlichen Entwicklung entsprechend, spüren wir einen steigenden Bedarf an Arbeitsplätzen, die für Menschen mit psychischen und seelischen Beeinträchtigungen geeignet sind. Wir werden daher eine neue Fachwerkstatt mit 120 Plätzen im Gewerbegebiet Traunreut-Oderberg errichten und mit geplanter Fertigstellung Ende 2021 die jetzige Fachwerkstatt in der Werner-von-Siemens Strasse in Traunreut ersetzen.

In allen unseren Einrichtungen werden wir auch künftig größten Wert darauf legen, allen Beschäftigten die bestmögliche Teilhabe am Arbeitsleben zu ermöglichen. Dabei wird immer der Mensch mit seiner Persönlichkeit im Vordergrund stehen und nicht seine Behinderung.

Rückblick und Ausblick
Stimmen dreier Weggefährten

Altlandrat Leonhard Schmucker   185
Landrat a.D. Jakob Strobl   186
Landtagspräsident a.D. Alois Glück   189

Leonhard Schmucker
erinnert sich

Gerne bin ich der Aufforderung des Ehrenvorsitzenden Peter Bantlin nachgekommen, einen Beitrag zur Chronik der Lebenshilfe Traunstein zu schreiben. Die Lebenshilfe Traunstein wurde 1969 gegründet, ein Jahr später habe ich mein Amt als Landrat angetreten.

Ich erinnere mich an den Ersten Vorsitzenden der Lebenshilfe Dr. Amann und an Peter Bantlin, den Motor der Lebenshilfe. Beide sorgten dafür, dass Heilpädagogische Tagesstätte, Beschützende Werkstätten und Wohnheime so schnell wie möglich errichtet wurden. Auch der Beginn des „Betreuten Wohnens" und der medizinischen Frühförderung fällt in diese Zeit.

Und die Lebenshilfe Traunstein erweiterte ihren Wirkungskreis immer mehr. Die beiden ebneten den Weg für die Durchführung der angestrebten Maßnahmen. **Planungen, Abstimmung mit den befassten Behörden, Finanzierung** waren notwendig, um die Pläne zu verwirklichen.

Wenn man die Entwicklung, die die Lebenshilfe in den 50 Jahren ihres Bestehens genommen hat, betrachtet, blickt man auf eine imponierende Erfolgsgeschichte.
Ich freue mich, dass ich diese bewundernswerte Initiative in den ersten zwei Jahrzehnten ihrer Arbeit begleiten durfte und wünsche weiterhin so viel Engagement wie in diesen frühen Jahren.

Die Aufgaben werden nicht geringer, aber beim Lesen der Chronik gewinnt man die Zuversicht, dass die Zukunft gemeistert wird und vielen geholfen werden kann.

Leonhard Schmucker (1919–2019) war von 1970–1990 Landrat des Landkreises Traunstein.

Jakob Strobl
zur Entwicklung der Chiemgau-Lebenshilfe-Werkstätten

Mit großer Freude darf ich in der gebotenen Kürze auf die Zeit zurückblicken, in der ich für die Chiemgau-Lebenshilfe-Werkstätten Verantwortung mittragen durfte, für ein blühendes Unternehmen, das für die Behinderten in der gesamten Region und ganz speziell in unserem Landkreis von allergrößter Bedeutung ist. Ich denke an den Mut und die Ausdauer der Gründergeneration, die Einsatzbereitschaft der ehrenamtlichen und hauptamtlichen Mitarbeiter, die Unterstützung durch zahlreiche Helfer, Betriebe und Spender. Der Erfolg hat sich dank des **Zusammenwirkens vieler Menschen** und auch durch die **verantwortungsvolle Leitung der Gesellschafter, der jeweiligen Geschäftsführung und des Aufsichtsrats** nach den bescheidenen Anfängen im Jahre 1972 eingestellt. Die Lebenshilfe ist heute eine äußerst wichtige Einrichtung für Menschen mit geistiger Behinderung.

Ich will jetzt nicht großartig ausholen und lange über die Grundgedanken der Gründer und aller Mitstreiter referieren. Schon als Bürgermeister war mir bekannt, wie wichtig und zielführend der Einsatz der Lebenshilfe ist. Einige Gemeindebürger konnten diese Hilfe in Anspruch nehmen. Mir war schon damals bewusst: Die Chiemgau-Lebenshilfe-Werkstätten GmbH bietet berufliche Bildung, verschiedene Tätigkeitsbereiche, Unterstützung beim Übergang in den ersten Arbeitsmarkt und begleitende Maßnahmen zur Persönlichkeitsbildung.

Der Lebenshilfe-Vorsitzende Peter Bantlin wurde – so habe ich es in Erinnerung – all die Jahre nicht müde, bei Gemeinden und Landkreis für die jeweils anstehenden Maßnahmen finanzielle Hilfe zu erbitten. Im Rahmen der Möglichkeiten wurden Förderungen gewährt. Leider nicht immer in der erwarteten Höhe.

Von 1990 bis 1996 war Jakob Strobl Aufsichtsratsmitglied, von 1996 bis 2013 Aufsichtsratsvorsitzender der Chiemgau-Lebenshilfe-Werkstätten GmbH in Traunreut.

Lassen Sie mich aber jetzt auf die **Werkstättengeschichte** eingehen: Unter der Federführung des seinerzeitigen Vorsitzenden des Vereins Lebenshilfe Traunstein, Dr. Lorenz Amann, wurde 1972 mit einer provisorischen Werkstatt in Eisenärzt begonnen, dann kam Oberweißenkirchen dazu.

1975 wurde die Werkstatt eine GmbH mit dem Namen „Traunsteiner Werkstätten GmbH" Gesamtwerkstätten für die Landkreise Traunstein und Berchtesgadener Land.
1980, unter Federführung des Aufsichtsratsvorsitzenden Heinz Meyer und damals schon mit starkem Engagement von Geschäftsführer Hubert Tita, erfolgte die Inbetriebnahme der Werkstätte in der Bodelschwinghstraße in Traunreut; Eisenärzt und Oberweißenkirchen konnten aufgegeben werden. 75 Menschen mit Behinderung begannen in Traunreut ihre Arbeit.
In diesem Jahr erfolgte die Umbenennung in „Vereinigte Behindertenwerkstätten GmbH, Einrichtung der Lebenshilfe Traunstein/Berchtesgadener Land". Der Grund hierfür: Es wurde der Bau einer neuen Werkstatt in Piding geplant, die 1983 fertiggestellt wurde.
1992 folgte der Bezug eines angemieteten und umgebauten Gebäudes in der Werner-von-Siemens-Straße in Traunreut sowie eines landwirtschaftlichen Gebäudes in Großornach, um dort die Gärtnereitätigkeit aufnehmen zu können.

Im Jahre 1996 bekam die Gesellschaft erneut einen anderen Namen. Grund hierfür: Die Werkstatt in Piding wurde als selbstständige Einheit abgetrennt. Jetzt gab es die „Chiemgau-Lebenshilfe-Werkstätten GmbH". Die Namensgebung verlief übrigens damals nicht reibungslos.
Erst 2002 konnte dann meinem Wunsch entsprochen werden. In der Porschestraße in Traunreut eröffneten wir eine Werkstätte für psychisch kranke Menschen.
2003 schon erfolgte der Umzug der Werkstatt für psychisch beeinträchtigte Menschen in die Munastraße. Der Erweiterungsbau für den Berufsbildungsbereich in der Bodelschwinghstraße wurde begonnen. Im September erfolgte die angestrebte internationale Zertifizierung.
2004 konnte dann der Berufsbildungsbereich eröffnet werden und schon 2005 folgte die „Chiemgau-Kiste GmbH".

Auch 2006 konnte die Erfolgsgeschichte der CLW fortgeschrieben werden. Die drei Schreinereiabteilungen wurden am neuen Standort in Höhenstetten bei Palling zusammengelegt und die Eröffnung des Erweiterungsbaues in der Bodelschwinghstraße mit Lagererweiterung und neuen Gruppenräumen verbesserte die Arbeitsbedingungen ganz wesentlich.
2007 erfolgte letztlich der Umzug der psychisch beeinträchtigten Menschen in die Werner-von-Siemens-Straße, damit wir dem Neubau des Kulturzentrums K 1 durch die Stadt Traunreut nicht im Wege standen. Und letztlich konnte damals auch ein lang gehegter Wunsch, im Bereich Traunstein einen Stützpunkt zu schaffen, in die Tat umgesetzt werden. Die „Südwerkstatt" in Traunstein-Haslach nahm mit 65 Menschen mit Behinderung die Tätigkeit auf. Die dort vorhandenen Räumlichkeiten ließen es dann auch zu, 2008 die Chiemgau-Kiste GmbH als eigenständiges Integrationsunternehmen dorthin auszulagern.
Ein weiterer wichtiger Schritt folgte noch im selben Jahr mit der Gründung der „Chiemgau-Lebenshilfe-Werkstätten-Stiftung".

2010 zog schließlich der Berufsbildungsbereich in die Porschestraße um, die Integrationsbemühungen (Praktika, ausgelagerter Berufsbildungsbereich, Außenarbeitsplätze) wurden gebündelt und erhielten den Namen „Chiemgau-Arbeit".

2012 wurden die Räume in der Werner-von-Siemens-Straße umgebaut. Für den Bau einer neuen Schreinereiwerkstatt und die Unterbringung eines weiteren Integrationsbetriebes konnte in Aiging/Nußdorf ein entsprechend großes Grundstück erworben werden. Nachdem der Vorbesitzer jedoch seinen Verpflichtungen nicht nachkam, boten sich Grundstücke in Traunreut an. Ich meine, eine glückliche Fügung!

Um dies alles umzusetzen und die Weichen für eine gute und erfolgreiche Zukunft zu stellen, waren natürlich kluge und einsatzwillige Personen erforderlich. Die CLW hatte das Glück, Geschäftsführer (auch nach meinem Ausscheiden) an ihrer Spitze zu haben, die den Bedürfnissen der Behinderten entsprechend reagierten, die räumlichen Voraussetzungen Zug um Zug schafften, die wirtschaftlichen Voraussetzungen nicht aus dem Auge verloren und trotzdem dafür sorgten, dass die Betreuung der Menschen mit Behinderung immer weiter optimiert wurde. Dafür danke ich heute den früheren Geschäftsführern Paul Schaller, vor allem Hubert Tita, der den Ausbau der Werkstätten in Traunreut und Piding gewaltig vorantrieb, und Wolfgang Walter Kojer. Herzlich danke ich auch Geschäftsführer Wolfgang Enderle und dem jetzt verantwortlichen Dr. Jens Maceiczyk, die sich mit ihren Mitarbeitern immer bemühten bzw. bemühen, trotz der laufend schwieriger werdenden Beschaffung von Einnahmequellen über die Runden zu kommen. Es ist nicht immer leicht, diesen großen Betrieb mit derzeit 445 Beschäftigten und 99 Angestellten organisatorisch und personell erfolgreich zu führen.

Auch die jeweils berufenen Aufsichtsräte haben in diesen 40 Jahren mit den Aufsichtsratsvorsitzenden zusammen versucht, die jeweiligen Geschäftsführer zu unterstützen und ihnen fachlichen Rat zu geben.
Die Aufsichtsratsvorsitzenden Heinz Meyer, Landrat Leonhard Schmucker, Landrat Martin Seidl und von 1996 bis 2013 meine Wenigkeit haben alle das Glück gehabt, höchst qualifizierte und erfolgreiche Aufsichtsräte an ihrer Seite zu haben. Ich persönlich bin erfreut, dass ich seit Juni 1990 als Aufsichtsrat, dann als Aufsichtsratsvorsitzender etwas zum Erfolg der Chiemgau-Lebenshilfe-Werkstätten beitragen konnte. Ich frage mich heute: Wie weit wären wir, wenn wir nicht die starke Hand unseres Stiftungsvorstandes Peter Bantlin oder des Landtagspräsidenten a.D. Alois Glück verspürt hätten? Wir können uns glücklich schätzen, dass wir im Aufsichtsrat die geballte Sach- und Fachkompetenz nutzen konnten und können. Mein Nachfolger im Amt des Aufsichtsratsvorsitzenden, Josef Schärtl, hat mit Unterstützung von Aufsichtsrat und Geschäftsführer schon bisher überragende Leistung gezeigt und weitreichende, zukunftsträchtige Entscheidungen gefällt. Herzlichen Dank dafür. Auch Peter Bantlin, der zu meiner Amtszeit die Lebenshilfe Traunstein führte, ein herzliches „Vergelt's Gott". Ich selbst habe mit Freude mitgearbeitet.

Ich bin nach all meinen Erfahrungen überzeugt, dass sich die Chiemgau-Lebenshilfe-Werkstätten auch in den kommenden Jahrzehnten in hervorragender Weise der behinderten Menschen annehmen werden. Die innere Einstellung wird uns alle und viele Bürgerinnen und Bürger ermutigen, die Chiemgau-Lebenshilfe-Werkstätten weiterhin zu stützen und zu fördern.

Ich wünsche für die Zukunft Mut und Stärke, um den Herausforderungen gewachsen zu sein. Ich wünsche den Chiemgau-Lebenshilfe-Werkstätten und ihren Mitarbeitern viel Glück und Erfolg, Energie, den entsprechenden Rückhalt in der Bevölkerung und in den Kommunen sowie Gottes reichen Segen.

Alois Glück
„Behinderte", früher versteckt – jetzt Mitglied der Gesellschaft

Der Fortschritt in der Technik beschert breiten Bevölkerungsschichten Wohlstand. Doch ebenso wichtig wie der technische Fortschritt ist für unsere Gesellschaft der **humane Fortschritt**. Der setzt soziale Durchlässigkeit voraus und unser aller **Maßstab** muss die **Gerechtigkeit** bleiben. Wir können uns heute nicht mehr vorstellen, wie wenig man vor 40, 50 Jahren bei der Erkennung und den vielfältigen Ausprägungen von Behinderung wusste. Ihre Ursachen waren wenig bekannt, Maßnahmen und Hilfen in der Therapie, in Medizin und in der Pflege kaum vorhanden. Die pädagogische und **umfassende Förderung** von Menschen mit Behinderung, je nach individuellen Möglichkeiten und Grenzen, war **unbekannt**. Behinderung war ein Pauschalbegriff – oft gleichgesetzt mit Krankheit und Nichtzurechnungsfähigkeit. Die traurige Wahrheit: „Behinderte" wurden oft versteckt, galten sie doch als Schande, ja selbst als Strafe Gottes.

„Woran ist eine Gesellschaft zu messen – an ihrer Leistung, an ihrem Lebensstandard oder an ihrer Menschlichkeit? Etwa 750.000 Behinderte leben in Bayern und stehen in unserer Verantwortung, in der Verantwortung des Staates, aber auch in der Verantwortung jedes Einzelnen von uns. Gegen das Schicksalhafte der Behinderung können wir nichts tun, aber wir können vieles tun für ein erfülltes, menschenwürdiges Leben in echter Partnerschaft zwischen Behinderten und Nichtbehinderten." So beschrieb Ministerpräsident Alfons Goppel im April **1974** im Vorwort die Grundlage und das **Ziel des ersten bayerischen Landesbehindertenplans**.
Schon 1969 war die Gründung des Kreisverbandes der Lebenshilfe für geistigmehrfachbehinderte Menschen im Landkreis Traunstein erfolgt. Der Erste Vorsitzende, Kinderarzt **Dr. Lorenz Amann** aus Ruhpolding, war ein **Pionier** im **Aufbau von tragfähigen Strukturen in der Behindertenhilfe**. Damit begann sich die Situation der Menschen mit Behinderungen so wie die ihrer Angehörigen allmählich zu verändern – in der Gesellschaft und in ihrer Lebenssituation. 1971 eröffnete die Heilpädagogische Tagesstätte Schloss Pertenstein, 1972 die „Beschützende Werkstatt" in Eisenärzt und 1973 die in Oberweißenkirchen. Im Lauf der Jahre entstand durch die **Elterninitiative** eine breite Palette verschiedener Angebote und Einrichtungen, entsprechend den jeweiligen individuellen und sehr unterschiedlichen Bedürfnissen der Menschen mit sehr verschiedenen Behinderungen. Hier erinnere ich an die großen **Pionierleistungen von Peter Bantlin**, der 1979 den Vorsitz in der Kreisvereinigung übernommen hat, und jetzt Ehrenvorsitzender ist.

Wichtige Entwicklungsschritte waren die Fortschritte in der **Früherkennung**. Dann folgten Erkenntnisse über die unterschiedlichen Ausprägungen von Behinderung und die notwendigen verschiedenen Antworten. Dabei standen **Fürsorge und Versorgung** – oft noch in abgeschlossenen Welten – im Vordergrund. Als ein weiterer wesentlicher Schritt kam die Entwicklung der **Teilhabe** der Menschen mit Behinderung am gesellschaftlichen Leben. Schließlich die **wachsende Akzeptanz** der Menschen mit Behinderung im öffentlichen Leben! Sicher der größte Fortschritt!

Gleichzeitig dürfen wir nicht übersehen, dass es auch **gegenteilige Entwicklungen** gibt. Es ist gewissermaßen allgemein akzeptierte, medizinische und gesellschaftliche Norm, alles zu versuchen und zu tun, dass keine Kinder mit Behinderung geboren werden. Denken Sie an die Entwicklung bei den Bluttests für Schwangere auf Gendefekte der ungeborenen Kinder. Realität ist auch, dass Eltern, die sich trotz einer entsprechenden Diagnose für ihr Kind entscheiden, unter **Rechtfertigungszwang** stehen.

„Wie könnt Ihr das der Gesellschaft zumuten?" – gemeint sind vor allem die Kosten für die Allgemeinheit, aber oft auch der Anblick dieser Menschen. Die Bundesvorsitzende der Lebenshilfe, die frühere Bundesgesundheitsministerin Ulla Schmidt, sagte dazu kürzlich: „Wenn der Pränatal-Test zur Regelleistung für Schwangere wird, wird zum einen das Bild vermittelt, eine Welt ohne Behinderung sei möglich. Das stimmt nicht. 98 Prozent aller Behinderungen werden erst nach dem zweiten Lebensjahr erworben. Darüber hinaus erhöht sich der Rechtfertigungsdruck für Eltern, die sich gegen eine Abtreibung und für ein behindertes Kind entscheiden. Und der Test liefert auch viele Falschbefunde."

Das Ziel der **Inklusion** ist eine Weiterentwicklung zur Integration mit dem Ziel des gemeinsamen Lebens. Ein wichtiges Ziel und eine wichtige Aufgabe! Doch der Ansatz birgt auch Gefahren: Die Individualität der Menschen mit Behinderung wird nicht mehr entsprechend beachtet. Es gibt selbst in der Behindertenhilfe ein **falsches Leistungsdenken**! Die Aufnahme in die Gemeinschaft, etwa in der Regelschule, ist nicht zwangsläufig und immer identisch mit der bestmöglichen Förderung und Entwicklung des einzelnen Menschen. Auch hier gilt es, den einzelnen Menschen mit seiner Persönlichkeit, seinen Möglichkeiten und Grenzen ernst zu nehmen und anzunehmen! Die gesellschaftspolitische Zielsetzung darf nicht über die individuelle Situation des Einzelnen gestellt werden. Die grundsätzliche Fragestellung: Was macht in unserer Leistungsgesellschaft und unter dem Ideal der Gleichheit aller Menschen den Menschen aus? Seine Fähigkeiten? Seine Grenzen? Dazu Dr. Peter Radtke: „Es gäbe dann Menschen, die stärker das Menschliche verkörpern, und andere, die dies weniger täten. Ein solcher Ansatz widerlegt sich selbst. **Man kann nicht nur ein bisschen Mensch sein**.

Ohne exakt definieren zu können, was der spezifisch menschliche Mensch ist, wage ich die Behauptung, dass jene Menschen, die wir schwerstbehindert nennen, den Prototyp dessen darstellen, was wir suchen. Sie reduzieren den Wert des Menschen auf jenen Kern, der durch keine falschen Attribute verstellt wird. Sie können nicht durch Körperkraft brillieren, durch Intelligenz, durch Leistungsfähigkeit; sie treten nicht in Konkurrenz zu ihrer Umwelt. Dennoch sind sie – und hier dürften wohl alle mit mir übereinstimmen – Menschen, besitzen also jenes Undefinierbare, nenne es Seele, nenne es Ebenbürtigkeit Gottes, nenne es irgendwie sonst, das sie aus anderen Kreaturen heraushebt."

Das **Fundament einer humanen Gesellschaft** und einer humanen Zukunft ist das Menschenbild, das im Art. 1 unseres Grundgesetzes beschrieben ist:

(1) **Die Würde des Menschen ist unantastbar**. Sie zu achten und zu schützen, ist Verpflichtung aller staatlichen Gewalt. (2) Das Deutsche Volk bekennt sich darum zu unverletzlichen und unveräußerlichen Menschenrechten als Grundlage jeder menschlichen Gemeinschaft, des Friedens und der Gerechtigkeit in der Welt.

Das ist der unverzichtbare Kompass für unseren weiteren Weg, für einen Weg als humane Gesellschaft, die auch ihre Konflikte nach diesem **Maßstab des Respekts** voreinander bewältigt. Dieser Maßstab gilt für alle Menschen, unabhängig von Leistungsfähigkeit, Alter, Rasse, Einheimischen und Fremden oder sonstigen Unterscheidungen. Dieser Maßstab ist gerade in diesen Zeiten der Verrohung in unserer Gesellschaft, die wir täglich in Wort und Tat erleben, mehr denn je gefragt. Wehe, wenn wir unterschiedliche Wertungen von „lebenswerten" und „nicht lebenswerten Leben" tolerieren. Dann sind wir auf einer Rutschbahn vom Beginn des Lebens bis zum Ende des Lebens. Dies mit unabsehbaren Folgen. Ich erinnere hier an die Debatte um die „Sterbehilfe". Wir dürfen uns heute über die bisherige Entwicklung für Menschen mit Behinderungen, Hilfen für ihre Familien und insbesondere über diese vorbildliche Einrichtung in Oderberg freuen. Gleichzeitig ist gerade in diesen Zeiten **höchste Wachsamkeit** und **Entschiedenheit dringend notwendig**.

Auszug aus der Rede von Landtagspräsident a.D. Alois Glück anlässlich der Einweihungsfeier der Oderberger Werkstätten der Chiemgau-Lebenshilfe-Werkstätten am 6. Oktober 2016.

Die Logos wurden von der Kunstgruppe der Förderstätte Altenmarkt gestaltet.

Die Gremien der Lebenshilfe Traunstein

Der Verein und seine Organe	194
Dr. Karl Landvogt	195
Stiftung Lebenshilfe Traunstein	195
Freundes- und Förderkreis	195
Lebenshilfe Traunstein gGmbH	196
Chiemgau-Lebenshilfe-Werkstätten-Stiftung	197
Chiemgau-Lebenshilfe-Werkstätten gGmbH	197
Ehrungen der Lebenshilfe Traunstein	198
Impressum	200

Der Verein und seine Organe

Lebenshilfe für Menschen mit geistiger Behinderung Kreisvereinigung Traunstein e.V.
Kurzform: Lebenshilfe Traunstein e.V.

Die Organe des Vereins sind
Mitgliederversammlung
Vorstand
Beirat
Fachausschüsse nach Bedarf

Zur Durchführung seiner Aufgaben unterhält der Verein eine **Geschäftsstelle**.
Die **Geschäftsführung** wird durch den Vorstand bestellt und führt die Geschäfte des Vereins nach Anweisung des Vorstands.
Der Verein hat 819 Mitglieder.

(Stand: Dezember 2018)

Erste Vorsitzende	
Dr. Lorenz Amann	1969–1982
Peter Bantlin	1982–2013
Wolfgang Maier	seit 2013

Zweite Vorsitzende	
Erich Ebeling	1975–1979
Peter Bantlin	1979–1982
Dr. Lorenz Amann	1982–1988
Gertraude Risse	1988–1997
Dr. Karl Landvogt	1997–2010
Florian Mengele	seit 2010

Ehrenvorsitzende	
Dr. Lorenz Amann	1982–2011
Peter Bantlin	seit 2013

Geschäftsführung	
Herbert Hannß	1969–1972
Ingrid Szeklinski	1972–1992
Josef Binder	1993–2008
Annemarie Funke	seit 2008

Kassier	
Konrad Bischlager	1969–1975
Robert Gaßner	1975–1991
Christoph Schlaipfer	1991–2007
Heinz Hahn	2007–2019
Winfried Hochaus	seit 2019

Beiräte	
Günther Fojuth	1969–1979
Diakon Kübrich	1969–1970
Ferdy Maupai	1969–1975
Gertraude Risse	1969–2004
Katharina Neuhofer	1970–1975
Anna Schneller	1970–1975
Dr. E. Eckert-Husemann	1970–1975
Andreas Güntner	1975–1979
Alois Glück	1975–1982
Ernst Stoiber	1975–1988
Benedikt Rosendahl	1975–1979
Johannes Kindler	1975–1979
Klaus Dorfner	1975–1977
Franz Fritsch	1979–1997
Dr. Wolfgang Kaess	1979–1982
Irmengard Kinzner	1979–1991
Annemarie Paschke	1979–1984
Martha Radl	1979–1982
Katharina Glück	1982–2007
Dr. Karl Landvogt	1982–1997
Margot Zimmermann	1982–1984
Paul Schaller	1982–1984
Christine Geierstanger	1985–1997
Dr. Lorenz Amann	1988–1991
Rosalia Bachmann	1988–1997
Christoph Schlaipfer	1988–1991
Peter Selensky	1991–1994
Dr. Heinz Schmitz	1991–1994
Helga Welk	1991–1994
Elfriede Kintscher	1994–1997
Hermann Färbinger	1994–2001

Beiräte

Florian Amann	1994–2004	Andrea Hatzl	seit 2004
Robert Gaßner	1997–2000	Brigitte Kotter	seit 2004
Irmgard Eidner	seit 1997	Evelyne Scharrer	seit 2007
Herbert Pickenhan	1997–2009	Wolfgang Maier	2007–2013
Peter Bantlin jun.	1997–2007	Helga Pickenhan	seit 2010
Helmut Kölbl	2000–2014	Klaus Mairhofer	seit 2013
Maria Müller	seit 2001	Rudolf Opitz	seit 2014

Dr. Karl Landvogt

Stellvertretend für die vielen Menschen, die sich seit Jahrzehnten in den Gremien der Lebenshilfe Traunstein engagieren, steht Dr. Karl Landvogt.

13 Jahre lang war der Traunreuter Kinderarzt als Zweiter Vorsitzender des Vereins ehrenamtlich für die Lebenshilfe tätig. Er wurde damals vom Ehrenvorsitzenden der Lebenshilfe, Dr. Amann, einem Kinderarztkollegen, angesprochen, ob er sich vorstellen könnte, ein Amt zu übernehmen. Dr. Karl Landvogt erklärte sich gerne bereit, mit ärztlichem Rat zu helfen und weiterzuführen, was Dr. Amann begonnen hatte.

„Es ging darum, verschiedene Projekte vom ärztlichen Standpunkt aus zu betrachten und zu begleiten", erklärt Dr. Karl Landvogt rückblickend. Als Zweiter Vorsitzender war er in den Jahren 1997 bis 2010 dabei, als **neue Therapien und Hilfsprogramme** in Gang gebracht wurden. Noch heute ist er zudem im Freundes- und Förderkreis ehrenamtlich tätig und betont: „Die vielen Aufgaben könnten staatliche Organe gar nicht stemmen, da braucht man Ehrenamtliche dazu."

Stiftung Lebenshilfe Traunstein
Hans-Georg-Lohr

Stiftungsvorstand
Alois Glück (Vorsitzender), Peter Bantlin (Stellvertretender Vorsitzender), Dr. Karl Landvogt

Stiftungsrat
Andrea Hatzl, Brigitte Kotter, Josef Schallinger, Klaus Mairhofer, Irmgard Eidner, Lore v. Dobenek, Marion v. Cetto, Wolfgang Maier

Geschäftsführer
Florian Mengele (Stand: Juli 2019)

Freundes- und Förderkreis
Lebenshilfe Traunstein e.V.

Vorstandschaft
Dr. Michael Schubeck (1. Vorstand), Klaus Mairhofer (Stellvertretender Vorstand),
Friedrich M. Kirn, Wolfgang Maier
Der Freundes- und Förderkreis hat 92 Mitglieder. (Stand: Dezember 2018)

Lebenshilfe Traunstein gGmbH

Aufsichtsratsvorsitzender
Wolfgang Maier

Stellvertretender Aufsichtsratsvorsitzender
Florian Mengele

Aufsichtsräte
Winfried Hochhaus, Andrea Hatzl, Brigitte Kotter, Maria Müller, Josef Schärtl, Josef Schallinger

Geschäftsführung
Annemarie Funke

(Stand: Oktober 2019)

Die wichtigsten Zahlen im Überblick

Förderstättenplätze für Menschen mit schweren mehrfachen Behinderungen: 66
Wohnheimplätze für Menschen mit schweren mehrfachen Behinderungen: 50
Wohnheimplätze für Menschen mit Behinderung: 210
Teilnehmer der Tagesstrukturierenden Maßnahmen für Seniorinnen und Senioren: 24
Klienten im Ambulant Betreuten Wohnen: 38
Betreuungsstunden im Familienentlastenden Dienst: 14.600
Betreuungstage in der Kurzzeitpflege: 3.220
Teilnehmerinnen und Teilnehmer in der Offenen Behindertenarbeit: 3.842
Behandlungseinheiten in der Medizinischen Frühförderung: 6.589
Teilnehmerinnen und Teilnehmer im Wohntraining: 8
Mitarbeiterinnen und Mitarbeiter: 396

(Stand: Dezember 2018)

Chiemgau-Lebenshilfe-Werkstätten-Stiftung

Gesellschafterin der Chiemgau-Lebenshilfe-Werkstätten gGmbH

Stiftungsvorstand
Wolfgang Maier, Florian Mengele, Josef Schärtl

Stellvertretender Stiftungsratsvorsitzender
Hermann Steinmaßl

Stiftungsräte
Peter Bantlin, Klaus Kamhuber, Stefan Lauwitz, Siegfried Mayer, Michaela Stockhammer

(Stand: Oktober 2019)

Chiemgau-Lebenshilfe-Werkstätten gGmbH

Aufsichtsratsvorsitzender
Josef Schärtl

Aufsichtsräte
Peter Bantlin, Klaus Kamhuber, Stefan Lauwitz, Wolfgang Maier, Siegfried Mayer, Florian Mengele, Hermann Steinmaßl, Michaela Stockhammer

Geschäftsführung
Dr. Jens Maceiczyk

(Stand: Oktober 2019)

Die wichtigsten Zahlen im Überblick

Standorte: 5
Mitarbeiter: 110
Beschäftigte Menschen mit Behinderung: 460
Arbeitsgruppen: 42
Ausgelagerte Arbeitsplätze: 22
Zwei Inklusionsbetriebe als Tochterunternehmen:
Chiemgau Maßarbeit gGmbH und Chiemgau-Kiste gGmbH

(Stand: Dezember 2018)

Ehrungen der Lebenshilfe Traunstein

Ehrennadel in Gold
Alois Glück	08.05.2008
Jakob Strobl	27.11.2009
Peter Bantlin	27.11.2009

Ehrennadel in Silber
Leonhard Schmucker	28.06.1990
Alois Glück	14.10.1992
Elisabeth Heidenhain	14.10.1992
Peter Bantlin	17.11.1992
Gertraude Risse	12.11.1997
Karl Landvogt	19.11.1999
Jakob Strobl	30.04.2002
Josef Binder	17.10.2002
Margot Zimmermann	17.10.2002
Katharina Glück	08.05.2008
Rainer Burkhard	05.12.2013
Lore v. Dobeneck	03.10.2015
Alfred Pfeiffer (postum)	03.10.2015
Josef Schärtl	09.12.2016

Ehrennadel in Bronze
Hans Butschek	25.07.1983
Christine Geierstanger	25.04.1985
Betty Pastetter	25.04.1985
Irmengard Kinzner	06.11.1985
Irmgard Baier	06.11.1985
Herr Schmelz	circa 1987
Robert Gassner	15.10.1991
Konrad Bischlager	15.10.1991
Ingrid Szeklinski	15.10.1991
Johann Geierstanger	17.11.1992
Ernst Stoiber	26.06.1992
Christa Kahl	16.10.1992
Gertraude Risse	18.10.1994
Lorenz Amann	18.10.1994
Oskar Trieb	18.10.1994
Margot Zimmermann	20.06.1995
Hubert Tita	20.06.1995
Josef Binder	20.06.1995
Franz Fritsch	06.10.1995
Herr Wildmoser	12.11.1998
Jakob Strobl	19.11.1999
Harald Roller	15.04.2002
Gerald Wolvers	17.10.2002

Ehrennadel in Bronze
Josef Schärtl	14.10.2005
Eleonore Bantlin	14.10.2005
Christoph Schlaipfer	08.11.2007
Fritz Stahl	08.05.2008
Rainer Lihotzky	08.05.2008
Alfred Pfeiffer	08.05.2008
Thomas Breu	06.05.2009
Friedrich M. Kirn	06.05.2009
Irmgard Eidner	06.05.2009
Herbert Pickenhan	06.05.2009
Michael Elsen	27.11.2009
Rainer Burkhard	15.09.2010
Annemarie Funke	03.11.2010
Gisela Ebert	03.11.2010
Alexander Callegari	03.11.2010
Wolfgang Maier	03.11.2010
Anton Kathrein	03.11.2010
Barbara Stamm	27.10.2011
Petra Herbst	09.11.2011
Rudolf Legner	15.11.2011
Lore v. Dobeneck	15.11.2011
Helmut Kölbl	15.11.2014
Karl-Heinz Hahn	11.07.2019

Ehrungen der Lebenshilfe Traunstein

Verleihung der Lebenshilfe-Medaille

Fritz Stahl	10.11.1995
Harald Roller	circa 1996
Martin Seidl	circa 1996
Michael Euler	15.10.1997
Walter Miller	22.10.1999
Gerhard Ameiser	19.11.1999
Josefina Wirth	19.11.1999
Irene Sikora	19.11.1999
Peter Glückhardt	19.11.1999
Agnes Maier	17.10.2002
Birgit Perschl	23.10.2003
Margit Ihrke	23.10.2003
Anton Matheis	23.10.2003
Ingrid Seifert	23.10.2003
Gisela Ebert	23.10.2003
Herbert Pickenhan	23.10.2003
Helga Pritsch	28.10.2004
Herbert Alversammer	14.10.2005
Wilhelm Johannsen	08.05.2008
Alexander Callegari	08.05.2008
Margareta Wodonek	06.05.2009
Andreas Galla	06.05.2009
Gabi Rasch	06.05.2009
Otto Saxberger	06.05.2009
Günter Schambeck	06.05.2009

Verleihung der Lebenshilfe-Medaille

Anne Günther	06.05.2009
Anna Schuster	27.11.2009
Martin Zoßeder	03.11.2010
Christiane Pirchner	03.11.2010
Hannelore Weber	03.11.2010
Heide-Marie Hönow	03.11.2010
Thomas Bauer	03.11.2010
Elisabeth Lamprecht	03.11.2010
Meinolf Pousset	19.01.2011
Ralf Möller	09.11.2011
Monika Annabrunner	09.11.2011
Barbara Finn-Arslan	09.11.2011
Max Parzinger	09.11.2011
Resi Parzinger	09.11.2011
Franz Müller	05.11.2012
Christina Garreis	05.11.2012
Renate Schützinger	13.11.2013
Rosa-Maria Aglassinger	13.11.2013
Michael Buchholzer	13.11.2013
Claudia Alia	13.11.2013
Judith Koschate	13.11.2013
Maria Huber	13.11.2013
Harald Linkat	13.11.2013
Michael Zillner	13.11.2013
Franz Schweinöster	13.11.2013

Impressum

Miteinander leben
Die Geschichte der Lebenshilfe Traunstein 1969 – 2019

Herausgeber
Lebenshilfe für Menschen mit geistiger Behinderung Kreisvereinigung Traunstein e.V.
Bahnweg 3, 83278 Traunstein, Telefon 0861/20970-0, Fax 0861/209701-60
E-Mail: info@lebenshilfe-traunstein.de

Die Geschichte der Lebenshilfe Traunstein ist hier auf Grundlage von Archivunterlagen, Publikationen und Gesprächen dargestellt.

Autoren
Alexander Callegari und Heide-Marie Hönow
Pia Mix führte die Interviews und verfasste die Beiträge über Franz Schweinöster, Klaus Sam, Christian Pelz, Günther Kölbl, Michaela Bräu, Anni Schuster, Seppi Fischer, Celina Tobsch sowie Dr. Karl Landvogt.
Weitere Verfasser sind beim jeweiligen Text genannt.

Fotos
Soweit nicht direkt bei den Fotos angegeben, stammen sie aus dem Archiv der Lebenshilfe Traunstein e.V. sowie der Chiemgau-Lebenshilfe-Werkstätten gGmbH oder wurden von Christoph Losbichler (Stadler Fotografie) gemacht.
Helmut Günter Lehmann malte das Bild für den Umschlag.
Falls Rechteinhaber übersehen wurden, wenden sie sich bei etwaigen Rechtsansprüchen bitte an den LILIOM Verlag oder an die Lebenshilfe Traunstein e.V.

Konzeption und Layout
Alexander Callegari

Druck
Miller Traunstein

© LILIOM Verlag Waging am See 2019
ISBN 978-3-96606-005-9

Alle Rechte vorbehalten. Jede Art von Nachdruck, Vervielfältigung und Verbreitung, insbesondere unter Verwendung elektronischer Systeme, bedarf der schriftlichen Genehmigung des Herausgebers.

www.lebenshilfe-traunstein.de